国家级职业教育规划教材
人力资源社会保障部职业能力建设司推荐

全国职业院校汽车类专业新形态工作手册式教材
全国技工院校汽车类专业工学一体化教材

汽车传动系统检测与维修

中德诺浩汽车职业教育研究院　组织编写
主编　吕丕华

中国劳动社会保障出版社

内容简介

本书为全国职业院校汽车类专业新形态工作手册式教材 / 全国技工院校汽车类专业工学一体化教材，由中德诺浩汽车职业教育研究院组织开发。全书分为 4 个学习情境、12 个学习任务，主要包括传动系统检查与保养，半轴拆装，半轴总成检查，变速器外部换挡操纵机构拆装与调整，变速器 5 挡齿轮拆装检查，变速器壳体拆装检查，变速器内部换挡操纵机构拆装检查，变速器 3/4 挡齿轮及同步器拆装检查，变速器 1/2 挡齿轮、同步器及倒挡齿轮拆装检查，变速器故障综合检查，主减速器与差速器拆装检查，离合器拆装检查等内容。

本书可作为全国职业院校与技工院校汽车类专业教学用书，也可作为汽车售后服务企业相关技术人员与社会人士培训参考用书。

本套教材由吕丕华主编，本书由许智达负责编写。

图书在版编目（CIP）数据

汽车传动系统检测与维修 / 吕丕华主编. -- 北京：中国劳动社会保障出版社，2023

全国职业院校汽车类专业新形态工作手册式教材　全国技工院校汽车类专业工学一体化教材

ISBN 978-7-5167-5709-3

Ⅰ. ①汽…　Ⅱ. ①吕…　Ⅲ. ①汽车 – 传动系 – 故障诊断 – 职业教育 – 教材②汽车 – 传动系 – 车辆修理 – 职业教育 – 教材　Ⅳ. ①U472.41

中国国家版本馆 CIP 数据核字（2023）第 128844 号

中国劳动社会保障出版社出版发行

（北京市惠新东街 1 号　邮政编码：100029）

*

北京市白帆印务有限公司印刷装订　　新华书店经销

880 毫米 × 1230 毫米　16 开本　8.75 印张　213 千字

2023 年 8 月第 1 版　　2023 年 8 月第 1 次印刷

定价：28.00 元

营销中心电话：400-606-6496

出版社网址：http://www.class.com.cn

http://jg.class.com.cn

序

当前，我国正在加快实施“中国制造 2025”计划，处于由制造大国向制造强国、由人力资源大国向人力资源强国发展的重要时期，党和国家为此制定了一系列科教兴国、人才强国的战略措施。

在人才队伍中，工作在生产一线的技能型人才是重要基础。高素质技能型人才队伍是推动经济社会发展的重要保障，职业教育是培养高素质技能型人才的主要渠道。尽管世界各国国情不同，发展职业教育的条件、政策和具体措施各异，但无论发达国家还是新兴工业化国家，均普遍重视职业教育在培养高素质技能型人才中的重要作用，把发展职业教育作为人力资源开发、振兴经济、增强国力的战略选择。

德国的职业教育水平处于世界领先地位。德国经济在世界金融危机中之所以依然稳健发展，与其因职业教育发达而拥有大量的高素质技能型人才是分不开的。完备的法律制度和各方面的高度重视，为德国的职业教育发展提供了有力保障。德国的双元制职业教育制度将劳动人事制度与教育制度有机地结合在一起。学校和企业都是培养人才的主体，并承担相应责任，学校和企业的教学计划、形式和内容虽各有侧重，但又相互联系，且均以工作任务为教学载体，将技能学习和训练、理论学习和运用有机结合，充分发挥学生在教学中的主体作用，着力培养学生承担社会责任的能力、独立发现和解决问题的能力、在实践中自主学习的能力。

改革开放以来，我国在借鉴国外先进职业教育经验方面取得了可喜成就。我国职业教育的对外交流与合作就是从借鉴和学习德国经验开始的，中德诺浩（北京）教育投资股份有限公司为此做了积极而有效的探索。

长期以来，该公司致力于引进德国的汽车职业教育资源，与德国手工业协会合作，在国内与以德国品牌为主的汽车合资企业和各类职业院校共同开展教育工作。经过多年的探索，结合我国国情，该公司成功地引进德国汽车职业教育的课程体系、教学素材和教学方法，并结合互联网手段进行了全方位本土化，在此基础上与300多所职业院校联手，为我国汽车维修企业培养了大批优秀人才。与此同时，该公司组织中德两国的汽车技术专家、经验丰富的维修技师和职业教育专家，共同编写了职业院校汽车类专业新形态工作手册式教材。这套教材以培养高技能人才为目标，内容选自实际操作，既“原汁原味”地吸纳了德国经验，又结合我国实际情况充实了教学内容，推动我国汽车维修技能型人才的培养与世界接轨。我期待其在我国培养国际标准汽车高技能人才方面发挥出重要作用，在中国由汽车大国向汽车强国迈进的征程中做出应有的贡献。

唐天标

（本序作者系第十一届全国人大常委会委员、第十一届全国人大教科文卫委员会副主任委员，原中国人民解放军总政治部副主任，上将军衔）

前言

职业教育是国民教育体系和人力资源开发的重要组成部分，肩负着培养多样化人才、传承技术技能、促进就业创业的重要职责。随着新型工业化的推进和科学技术的发展，现代职业教育体系越来越成为国家竞争力的重要支撑。为贯彻落实全国职业教育大会精神，推动现代职业教育高质量发展，加快构建现代职业教育体系，建设技能型社会，弘扬工匠精神，培养更多高素质技术技能人才、能工巧匠、大国工匠，满足我国汽车产业迅猛发展对高端技术技能型汽车人才的需求，中德诺浩在总结多年来将德国汽车职业教育中国本土化经验的基础上，编写了这套职业院校汽车类专业新形态工作手册式教材。

本套教材将理论基础和实践应用有机结合，在引领学生学习汽车专业知识的同时培养学生实际操作技能，具有以下特点：

（1）以企业一线任务为引导，将理论知识与实践技能进行完美结合。

（2）集图、文、声、像于一体，为学生提供多种形式的学习素材。

（3）采用四色印刷，版面简洁清晰、主题明确、色彩清新。

（4）本套教材配有丰富的数字化教学资源，学生可通过扫描每本书专属的封面二维码进行浏览和自学。

本套教材由中德诺浩汽车职业教育研究院组织编写，编写方式充分发挥了学生的主体地位，优化了课堂设计，便于调动学生的学习积极性和主动性，还可培养学生的创新意识和创新能力。

本套教材是职业院校汽车类专业核心课程教材，同时也可供从事汽车研究、设计、制造、使用和维修的工程技术人员学习和参考。

由于时间紧、任务重，本书内容难免有不恰当和错误之处，敬请广大读者批评指正！

编者

2022年10月

目录

CONTENTS

情境一

传动系统检查与保养

任务一 传动系统检查与保养

传动系统检查与保养任务工单				
客户信息	姓名		职业	
车辆信息	车型	VIN 码	行驶里程	
客户描述	倒挡行驶异响 □ 离合器打滑 □ 差速器异响 □	踩下离合器异响 □ 变速器挂挡困难 □ 变速器乱挡 □	挂挡时产生异响 □ 变速器掉挡 □ 半轴故障 □	变速器油液泄漏 □ 主减速器异响 □ 离合器踏板行程过长 □
	其　他：			

车辆外观检查		车辆内部检查	
凹凸 □	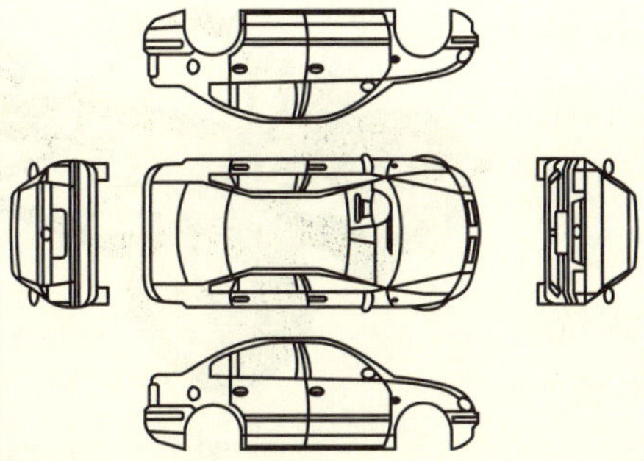	污渍 □	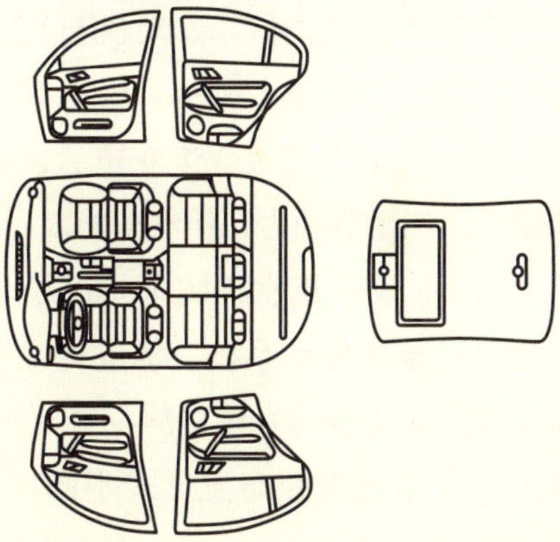
划痕 □		破损 □	
石击 □		色斑 □	
油漆 □		变形 □	
明确具体工作任务			

保养手册		
保养项目	保养类型	
	7 500 km 首次保养	1 年或每 15 000 km 定期保养
目测检查变速器、主减速器、等速万向节防护套有无漏油或损坏	●	●
检查手动变速器内的齿轮油油位，必要时添加齿轮油	●	●

续表

任务目标	● 能够独立规范地完成传动系统常规保养 ● 掌握不同品牌、年款车辆的保养规范 ● 能够解答客户关于车辆保养方面的疑问
任务内容	● 传动系统的主要作用、分类和组成 ● 传动系统的检查项目和检查方法 ● 变速器齿轮油的作用 ● 选择齿轮油的方法 ● 检查和更换变速器齿轮油的方法
任务重点	● 传动系统的检查项目和检查方法
任务难点	● 传动系统的检查项目和检查方法 ● 检查和更换变速器齿轮油的方法

一、知识讲解

（一）传动系统检查

1. 传动系统的定义、分类及特点

传动系统是指汽车发动机与汽车驱动轮之间传递动力的装置，如图 1–1 所示。传动系统的主要作用是将发动机输出的动力经过变速变矩后，均匀地分配到汽车驱动轮上，产生驱动力，使汽车能以一定速度行驶。

图 1–1　传动系统

汽车传动系统有机械式、液力式和电力式三种类型，在此以机械式传动系统为例进行说明。机械式传动系统的布置形式主要与发动机的位置及汽车的驱动形式有关。汽车传动系统按照布置形式不同可分为 5 种，如图 1–2 所示。

（1）发动机前置后轮驱动（FR）汽车的底盘通用性好，动力总成操纵机构结构简单，上坡行驶时驱动轮的附着力增大，爬坡能力强，变速器与主减速器分开，容易布置、拆装，维修容易。

（2）发动机后置后轮驱动（RR）使车辆的发动机、离合器、变速器和主减速器易布置成一体而使结构紧凑，能较好地隔绝发动机的气味和热量，减轻发动机工作噪声和振动对驾驶员的影响。

（3）发动机前置前轮驱动（FF）下，发动机可以横置或纵置，也可以布置在轴距外、轴距内或者前桥上方。这种布置形式可提高前驱动桥的轴荷，具有明显的转向不足特性，主减速器与变速器装在一个壳体内，动力总成结构紧凑。

（4）发动机中置后轮驱动（MR）的轴荷分配均匀，具有很中性的操控特点，但发动机占了座舱的空间，降低了空间的利用率和使用性，因此采用 MR 布置形式的多是追求操控表现的跑车。

a）发动机前置后轮驱动（FR） b）发动机后置后轮驱动（RR） c）发动机前置前轮驱动（FF）

d）发动机中置后轮驱动（MR） e）四轮驱动（4WD）

图 1-2 汽车传动系统的分类

（5）四轮驱动（4WD）通常是指汽车前后轮都有动力，可按行驶路面状态不同而将发动机输出转矩按不同比例分布在前后所有车轮上，以提高汽车的通过性，相对两轮驱动拥有更加优异的驱动力应用效率，就安全性来说，也可以形成更好的车辆稳定性。

本任务以发动机前置前轮驱动为例进行具体说明，这种形式操纵机构简单、发动机散热条件好。现在大多数轿车采取这种布置形式。

由于传动系统裸露在车辆底部，工作条件恶劣，因此应定期对传动系统进行检查，并按使用要求对变速器齿轮油进行检查更换。

2. 传动系统检查项目

传动系统主要由离合器、变速器、主减速器、差速器及半轴等组成，如图 1-3 所示。

a）离合器 b）变速器 c）主减速器

d）差速器 e）半轴

图 1-3 传动系统的组成

对传动系统的检查分为静态检查和动态检查。

（1）静态检查项目主要有变速器齿轮油油位检查、变速器外壳检查、半轴外观检查和万向节防尘套检查。另外，还要检查传动系统各连接部位螺栓和驱动轮固定螺栓的拧紧力矩。

（2）动态检查项目主要为离合器、变速器、差速器和驱动轮轴承等隐蔽部件工作情况的检查。

3. 传动系统检查方法

首先是对传动系统的静态检查。静态检查需使用举升机将车辆升起，从车辆底部检查传动系统各零部件状态。具体检查方法见表 1–1。

表 1–1　传动系统的静态检查

序号	图示	说明
1	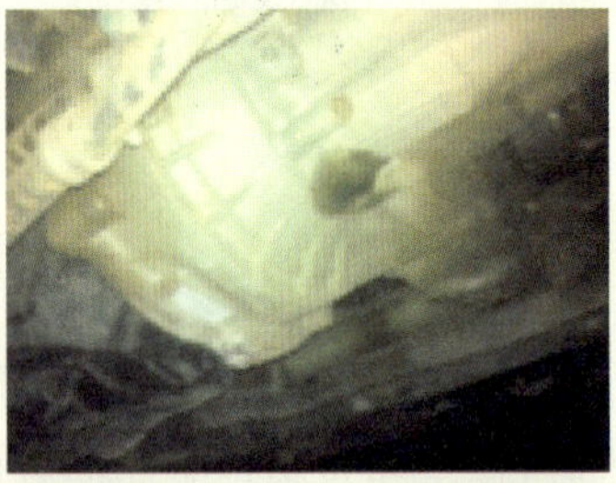	目测检查变速器外壳有无油液泄漏、裂纹和机械损伤
2	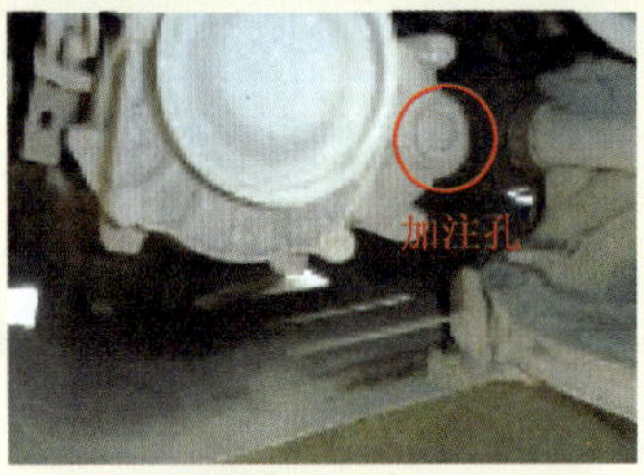	拧下加注孔螺栓，检查齿轮油油位及油液品质是否正常
3		检查半轴外观有无明显机械损伤，检查万向节防尘套有无老化、破损及褶皱现象
4	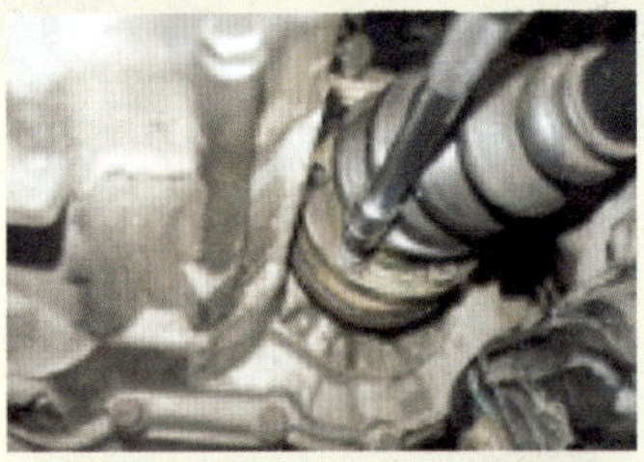	使用扭力扳手检查传动系统各连接部位螺栓和驱动轮固定螺栓的拧紧力矩是否符合标准
5		用手转动半轴，检查万向节是否有明显松旷

续表

序号	图示	说明
6		转动驱动轮，检查驱动轮磨损情况以及有无破损和尖锐物扎入

静态检查完毕后还应测试车辆，通过路试检查离合器、变速器和差速器等隐蔽部件是否工作正常。

（二）变速器齿轮油的更换

1. 更换变速器齿轮油的必要性

齿轮油又称为传动润滑油。变速器齿轮油的主要作用是对变速器内部齿轮传动的各个部位进行润滑，同时清洗传动过程中在零件表面产生的磨损铁屑。由于变速器齿轮油长期处于高温工作环境中并且时刻与大气接触使之产生氧化变质，会导致变速器齿轮油的润滑、冷却与清洗功能逐步下降，因此在检查油液质量不合格（如存在杂质、铁屑或到达规定使用期限等）时，应更换变速器齿轮油。

2. 变速器齿轮油的选用

齿轮油主要由基础油和添加剂组成。齿轮油性能的优劣和机油一样，要看基础油的类型。

美国石油学会（American Petroleum Institute）将车辆齿轮油按使用性能分为 GL–1、GL–2、GL–3、GL–4、GL–5 和 GL–6 六类，其性能按数字大小升序逐级提高。其中，GL–1、GL–2、GL–3 已被淘汰，本任务主要介绍以下常用的品种。

（1）GL–4 属于中负荷齿轮油，适用于在高速低转矩、低速高转矩下操作的各种手动变速箱、齿轮，主要适用于各式小车。

（2）GL–5 属于重负荷齿轮油，适用于在高速中负荷、高速低转矩下操作的各种齿轮。客车或要求苛刻的其他车辆用的双曲线齿轮适合使用 GL–5 类齿轮油。

（3）GL–6 适用于高偏置双曲面齿轮，用于在高速、冲击负荷等极端苛刻运行条件下工作的各种齿轮。

选用齿轮油时要根据车辆的类型及负荷大小、齿面间滑动速度的高低分别选用不同质量级别的油品，然后根据使用的最低温度和最高温度确定油品的黏度。

目前，多数轿车变速器采用的齿轮油标号为 GL–4 和 GL–5，或采用生产厂商规定的备件用油（如专用齿轮油），如图 1–4 所示。

3. 更换变速器齿轮油的操作方法

齿轮油的检查包括液面检查和油液质量检查。

液面检查：将车辆水平举升至合适位置，拧下加注孔螺栓，观察是否有油液流出，如没有油液流出说明液面偏低，需要补加。

油液质量检查：取少量变速器齿轮油，放置在干净的抹布上，观察是否存在杂质、铁屑等，同时观察油液颜色，辨别油液气味。如颜色浑浊变黑，说明油品污染严重，会引起质量下降；如气味与新油差异过大，说明油品质量下降。

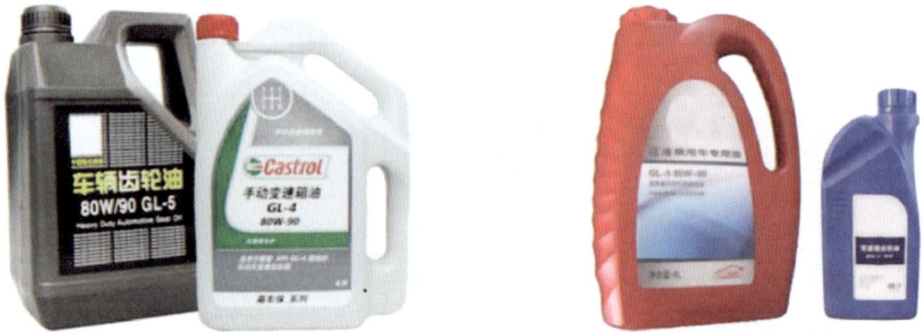

a）常见齿轮油　　　　b）某专用齿轮油

图 1-4　常见齿轮油及专用齿轮油

手动变速器齿轮油的更换步骤如下：

（1）对变速器齿轮油进行预检。

（2）关闭发动机，将车辆水平举升至合适位置，拆卸放油塞排放油液。变速器放油塞位置如图 1-5 所示。

（3）待变速器齿轮油排放干净后重新装上放油塞。

（4）拆卸加油塞，使用齿轮油加注机（见图 1-6）加注变速器齿轮油，直到油液慢慢溢出加注孔再重新装上加油塞。

图 1-5　变速器放油塞位置

图 1-6　齿轮油加注机

（5）启动发动机，操纵换挡杆在各挡位运转并停留 1 ~ 2 s，熄灭发动机。

（6）重新检查油液液面高度。

（7）清理工具，打扫现场卫生。

（8）废旧变速器齿轮油需要统一回收，交由环保部门进行处理。

二、任务准备

勾选出完成本任务所需的工具、设备、资料等。

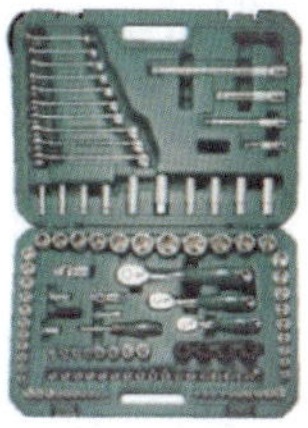	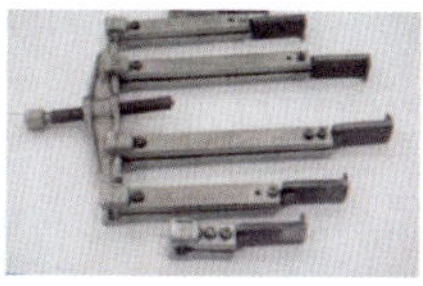			
常用工具套装	拉拔器	油料回收车	齿轮油加注机	工具车
			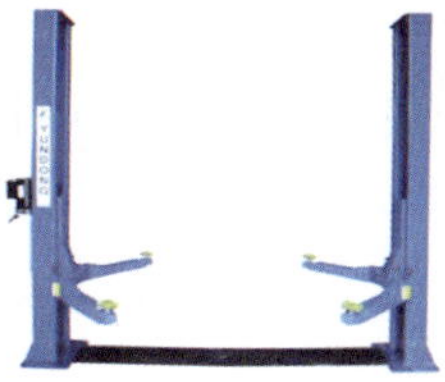	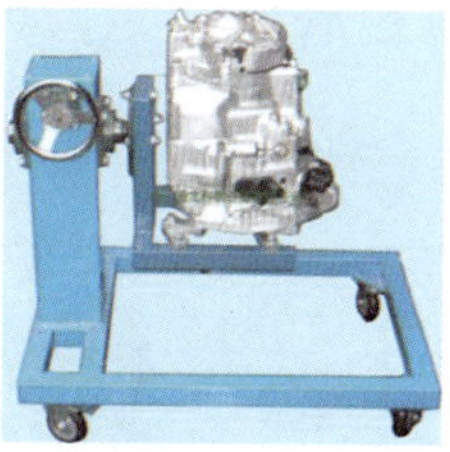
扭力扳手	带磁力表座的百分表	抹布	举升机	变速器翻转架

实训整车	维修手册	变速器齿轮油

三、防护措施

（一）个人安全防护

1. 维修人员必须身穿工作服、戴工作帽、穿工作鞋，工作服纽扣、拉链及皮带扣应藏于衣服内侧，扎紧袖口、领口、裤脚，佩戴手套。女生长发要盘起放在工作帽内。

2. 维修人员在进入车间前应摘掉手表、戒指、项链、耳环等金属饰品。

3. 维修人员在进行车辆维修操作时，应防止车轮压伤脚部、车门夹伤手部、热的发动机烫伤手部、发动机传动带绞伤手部。

4. 在搬运重物及尖锐器物时应注意动作姿势，防止扭伤腰部、砸伤脚部或划伤手部。

（二）车辆 / 台架等设备的安全防护

1. 车辆进入车间内，应停放至指定地点，熄灭发动机，将变速器置于空挡位置，并拉紧驻车制动器。台架应将滑轮锁死或用木块固定。

2. 维修操作前应铺设三件套及翼子板布，发动机启动前应确保其他维修人员远离车辆。

3. 操作电气设备时应注意用电安全，作业结束后应及时切断一切用电设备的电源。

4. 操作前应熟读维修手册中的操作标准和台架、仪器、设备使用标准，并做好日常维护工作。

（三）车间场地的安全防护

1. 车间应配有灭火器及相应消防设施，易燃油品应存放在密封的金属罐中。

2. 车间内的工具、零部件、设备、车辆等应有序摆放。

3. 车间内设备和车辆周围的人行道和工作区域必须保证足够的安全空间。

4. 操作过程中应做到油品、工具、配件三不落地，作业完毕后应及时清理车间工作场地，做到现场 5S 管理。

观察下列车间操作图片，勾选出操作正确的图片。

		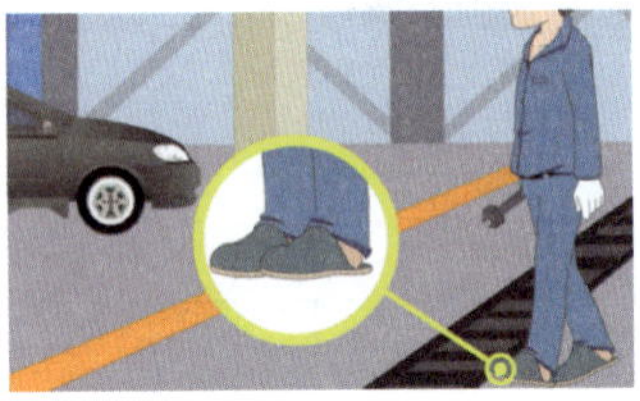

四、任务分配（见表 1-2）

表 1-2　任务分配表

职务	代码	姓名	工作内容
组长	A		监督、管理组员工作
组员	B		准备实训所需车辆及材料
	C		
	D		准备实训所需工具及维修手册等
	E		
	F		

五、任务实施

（一）操作步骤

完成表 1-3 中操作步骤的排序。

表 1-3 操作步骤

步骤	项目	顺序	工作内容
1	准备工作		将车辆驶入举升机工位，将变速器置于空挡位置，并拉紧驻车制动器
			铺好转向盘套、座椅套、脚垫，打开发动机舱盖，铺好翼子板布
			将举升机支车臂对正支车点，操纵举升机使支车点与车身稳定接触
			用吹尘枪简单清洁发动机舱
2	举升车辆		操纵举升机举升车辆至合适高度，同时观察车身是否存在倾斜，如有倾斜应立即停止，并降下车辆检查
			待举升车辆至合适高度后，锁止举升机保险，举升过程中车下严禁站人
3	检查变速器		目测检查离合器底部、变速器半轴油封及变速器壳体后端盖等部位有无油液泄漏
			目测检查变速器壳体有无明显机械损伤
4	检查半轴		目测检查半轴表面有无明显损伤
			检查内外万向节防尘套有无破损、褶皱及漏油现象
			转动半轴，检查内外万向节间隙和半轴齿轮间隙
5	检查变速器齿轮油		使用 17 mm 内六方扳手拆下变速器壳体后端盖加注孔螺栓
			通过变速器油液加注孔检查变速器齿轮油液面高度及油品质量
			如液面高度及油品质量均无问题，使用 17 mm 内六方扳手紧固加注孔螺栓至 25 N · m
6	添加变速器齿轮油		使用 17 mm 内六方扳手拆卸变速器壳体后端盖油液加注孔螺栓
			若液面高度不足，则选取规定标号变速器齿轮油，倒入加注机，将加注管探入加注孔进行添加，直至油液从加注孔流出
			安装加注孔螺栓，使用 17 mm 内六方扳手紧固至 25 N · m
			使用抹布将壳体上油液擦拭干净
7	排放变速器齿轮油		在变速器放油孔下方摆放油料回收车
			使用 17 mm 内六方扳手拆卸放油塞，放出旧的齿轮油
			油液放尽后，安装放油塞，使用 17 mm 内六方扳手紧固至 25 N · m
8	加注变速器齿轮油		使用 17 mm 内六方扳手拆卸加注孔螺栓
			安装加注孔螺栓，使用 17 mm 内六方扳手紧固至 25 N · m
			将大约 2 L 的新变速器齿轮油倒入加注机，将加注管探入加注孔进行添加，直至油液从加注孔流出
			使用抹布将壳体上油液擦拭干净
9	整理		将车辆降至地面，下降时车下严禁站人
			撤去举升臂、三件套及翼子板布
			整理工具，打扫现场卫生

（二）实施记录

结合实施过程，对照表 1–4 所列检查项目进行检查，并记录实际的检查结果。

表 1–4　实施记录

序号	项目	检查结果	备注
1	检查变速器外观	正常 □　漏油 □　损伤 □	
2	检查半轴总成	正常 □　损伤 □　间隙过大 □	
3	检查万向节防尘套	正常 □　损伤 □　漏油 □	
4	检查变速器齿轮油油面	正常 □　油面低 □　油面高 □	
5	检查变速器齿轮油油质	正常 □　油质差 □	
6	检查传动系统螺栓	正常 □　松动 □　损坏 □	
7	检查变速器齿轮油加注型号	GL–4 □　GL–5 □　GL–6 □	
8	检查变速器齿轮油加注量	2 L □　3 L □　4 L □	标准加注量________L 左右
9	检查变速器放油塞安装力矩	安装力矩________N · m	标准力矩________N · m

六、检查

（一）自检

结合本组任务操作过程，对任务执行过程中的操作规范性进行检查，检查操作过程中是否存在以下问题，分析讨论应如何避免并总结规范的操作方法（见表 1–5）。

表 1–5　自检

检查项目	结果
车辆停放位置是否合适，是否将变速器置于空挡并拉紧驻车制动器	是 □　否 □
是否使用三件套对车辆进行防护	是 □　否 □
使用举升机是否按规范操作，是否注意人身安全	是 □　否 □
变速器齿轮油加注型号是否正确	是 □　否 □
变速器齿轮油加注量是否合适	是 □　否 □
变速器放油塞拧紧力矩是否正确	是 □　否 □

（二）互检

组与组之间相互进行任务操作过程及结果检查，并把检查结果填写在表 1–6 中。

表 1-6 互检

检查项目	结果
车辆停放位置是否合适，是否将变速器置于空挡并拉紧驻车制动器	是 □ 否 □
是否使用三件套对车辆进行防护	是 □ 否 □
使用举升机是否按规范操作，是否注意人身安全	是 □ 否 □
变速器齿轮油加注型号是否正确	是 □ 否 □
变速器齿轮油加注量是否合适	是 □ 否 □
变速器放油塞拧紧力矩是否正确	是 □ 否 □

七、课堂小结

情境二

半轴与换挡操纵机构检修

任务二　半轴拆装

<table>
<tr><td colspan="6">半轴拆装任务工单</td></tr>
<tr><td>客户信息</td><td>姓名</td><td colspan="2"></td><td>职业</td><td></td></tr>
<tr><td rowspan="2">车辆信息</td><td>车型</td><td colspan="3">VIN 码</td><td>行驶里程</td></tr>
<tr><td></td><td colspan="3"></td><td></td></tr>
<tr><td>客户描述</td><td colspan="5">倒挡行驶异响 □　踩下离合器异响 □　挂挡时产生异响 □　变速器油液泄漏 □
离合器打滑 □　变速器挂挡困难 □　变速器掉挡 □　主减速器异响 □
差速器异响 □　变速器乱挡 □　半轴故障 □　离合器踏板行程过长 □
其　他：</td></tr>
<tr><td colspan="3">车辆外观检查</td><td colspan="3">车辆内部检查</td></tr>
<tr><td>凹凸 □
划痕 □
石击 □
油漆 □</td><td colspan="2">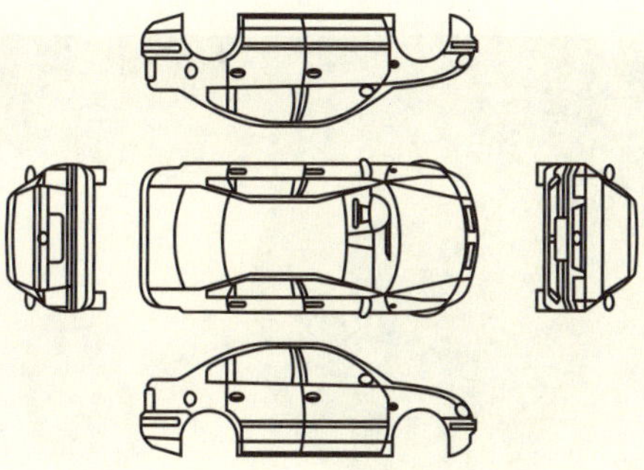</td><td>污渍 □
破损 □
色斑 □
变形 □</td><td colspan="2">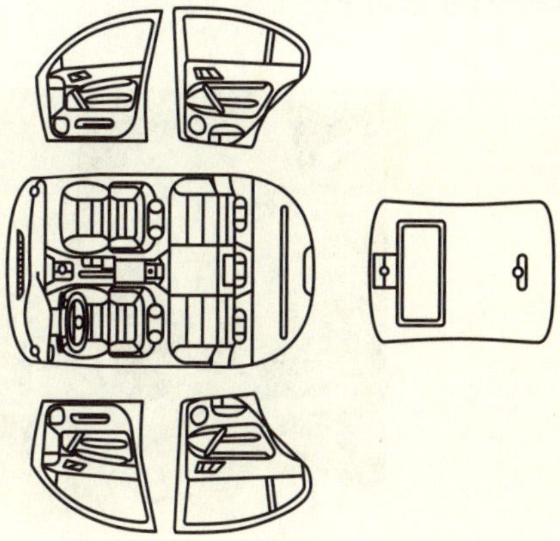</td></tr>
<tr><td>明确具体工作任务</td><td colspan="5"></td></tr>
</table>

任务目标

- 能够对半轴进行拆装检查
- 能够举一反三，对不同品牌车辆的半轴进行拆装检查
- 能够解答客户提出的疑问

任务内容

- 半轴的定义、安装位置、作用和分类
- 半轴的检查方法
- 半轴的拆卸和安装方法

续表

任务重点	● 半轴的拆装方法
任务难点	● 半轴的拆装方法

一、知识讲解

（一）半轴的定义、安装位置、作用及分类

半轴也就是驱动轴，是变速器与驱动轮之间传递转矩的轴。半轴可以将发动机传递到主减速器和差速器的力矩传递给驱动轮，从而驱动车轮旋转，使车辆向前、后行驶。同时由于半轴上安装有万向传动装置，使其能保证汽车正常行驶和转向。

现代汽车常用的半轴，根据其支承形式不同，有全浮式和半浮式两种，如图 2–1 所示。

半浮式半轴除传递转矩外，还要承受车轮传来的垂直力、驱动力和侧向力引起的弯矩。它的支承结构简单、成本低，因而被广泛用于反力和弯矩较小的各类轿车上，但这种半轴拆装不便。

全浮式半轴只传递转矩，不承受任何反力和弯矩，因而广泛应用于各类汽车上。全浮式半轴易于拆装，只需拧下半轴凸缘上的螺栓即可抽出半轴，而车轮与桥壳照样能支承汽车，从而给汽车维护带来方便。

a）半浮式　　b）全浮式

图 2–1　半轴

下面以发动机前置前驱全浮式半轴为例进行讲解。此种结构的半轴内侧通过内万向节壳体上的六个螺栓与变速器上的半轴驱动法兰相连接，如图 2–2 所示。外侧通过外万向节壳体前端的花键（见图 2–3）与车轮轮毂法兰相连接。

（二）半轴的检查

若半轴出现断裂、变形、扭曲等情况，会直接造成车辆跑偏、异响和抖动，严重影响驾驶的舒适性和安全性，这时就需要对半轴总成进行更换。

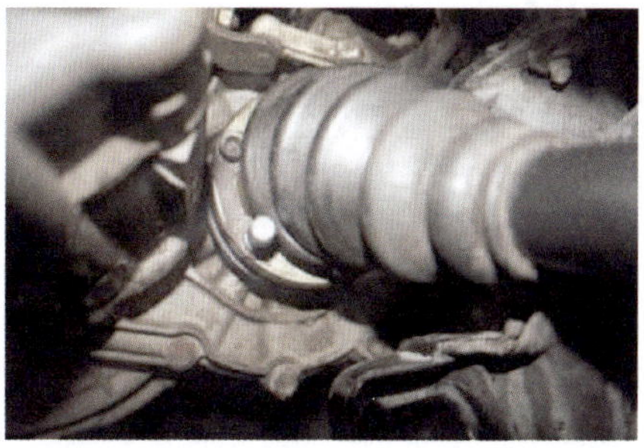

图 2-2 内万向节上的六个螺栓

图 2-3 外万向节上的花键

（三）更换半轴的操作方法

1. 拆卸半轴

拆卸半轴的操作步骤见表 2-1。

表 2-1 拆卸半轴的操作步骤

序号	图示	说明
1		举升车辆，准备拆卸轮胎
2		松开半轴锁紧螺母，松开轮胎螺栓
3		拆卸悬架系统的下控制臂球头螺栓，断开球头与车轮轴承壳体的连接
4		拆卸半轴内万向节的六个连接螺栓

续表

序号	图示	说明
5	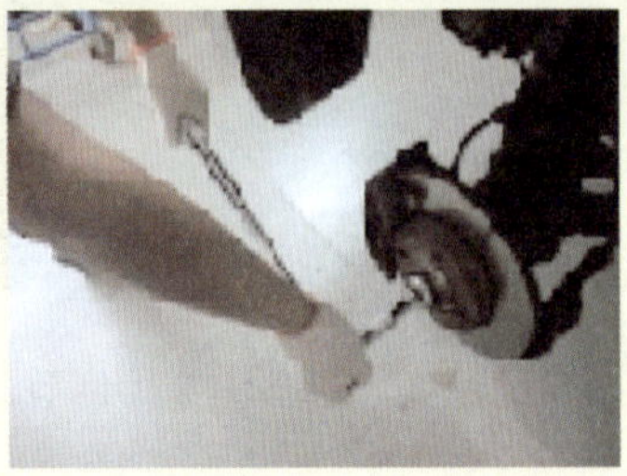	拧下半轴自锁螺母，取下半轴

2. 安装半轴

安装半轴的操作步骤见表 2-2。

表 2-2　安装半轴的操作步骤

序号	图示	说明
1		安装新半轴的外万向节花键
2		安装新半轴内万向节连接螺栓，并按规定转矩拧紧
3		安装下控制臂球头螺栓并按规定转矩拧紧

续表

序号	图示	说明
4	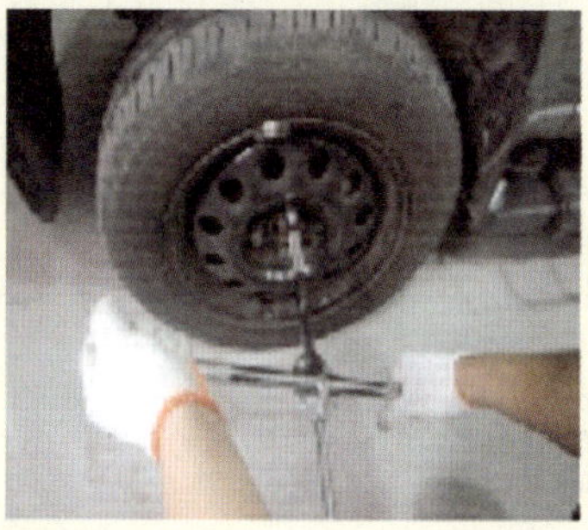	安装轮胎及半轴自锁螺母并按规定转矩拧紧

二、任务准备

勾选出完成本任务所需的工具、设备、资料等。

		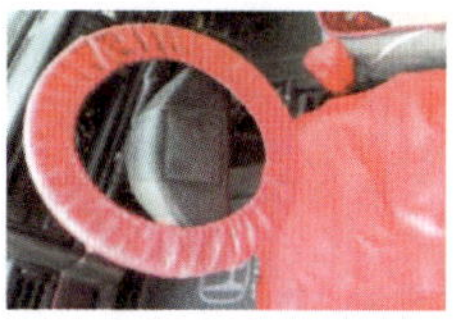	
工具车	卡簧钳	三件套	带磁力表座的百分表
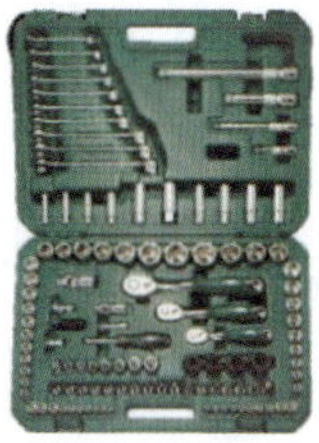		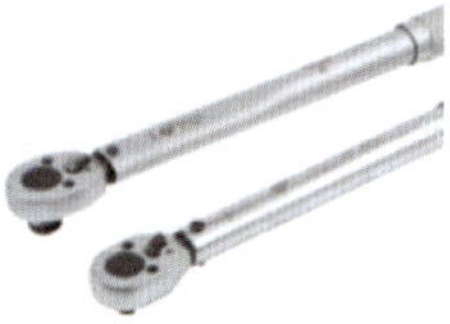	
常用工具套装	撬板	扭力扳手	配件车
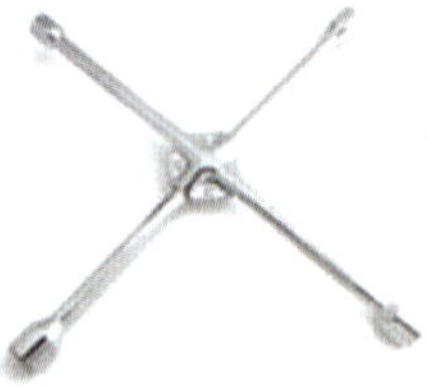			
轮胎扳手	防护用品	台虎钳	抹布

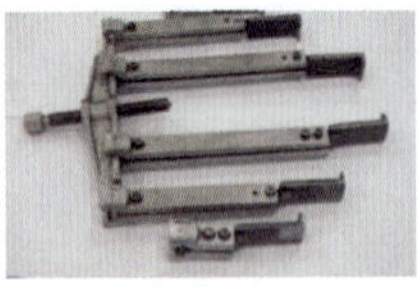	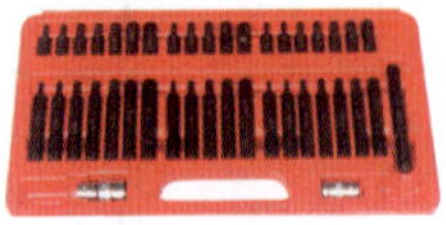		
拉拔器	40 件星批组件	变速器壳体拆卸专用工具	举升机

实训整车	维修手册	半轴总成

三、防护措施

（一）个人安全防护

1. 维修人员必须身穿工作服、戴工作帽、穿工作鞋，工作服纽扣、拉链及皮带扣应藏于衣服内侧，扎紧袖口、领口、裤脚，佩戴手套。女生长发要盘起放在工作帽内。

2. 维修人员在进入车间前应摘掉手表、戒指、项链、耳环等金属饰品。

3. 维修人员在进行车辆维修操作时，应防止车轮压伤脚部、车门夹伤手部、热的发动机烫伤手部、发动机传动带绞伤手部。

4. 在搬运重物及尖锐器物时应注意动作姿势，防止扭伤腰部、砸伤脚部或划伤手部。

（二）车辆 / 台架等设备的安全防护

1. 车辆进入车间内，应停放至指定地点，熄灭发动机，将变速器置于空挡位置，并拉紧驻车制动器。台架应将滑轮锁死或用木块固定。

2. 维修操作前应铺设三件套及翼子板布，发动机启动前应确保其他维修人员远离车辆，并连接尾气排放设备。

3. 操作电气设备时应注意用电安全，作业结束后应及时切断一切用电设备的电源。

4. 操作前应熟读维修手册中的操作标准和台架、仪器、设备使用标准，并做好日常维护工作。

（三）车间场地的安全防护

1. 车间应配有灭火器及相应消防设施，易燃油品应存放在密封的金属罐中。

2. 车间内的工具、零部件、设备、车辆等应有序摆放。

3. 车间内设备和车辆周围的人行道和工作区域必须保证足够的安全空间。

4. 操作过程中应做到油品、工具、配件三不落地，作业完毕后应及时清理车间工作场地，做到现场 5S 管理。

四、任务分配（见表 2-3）

表 2-3 任务分配表

职务	代码	姓名	工作内容
组长	A		监督、管理组员工作
组员	B		准备实训所需车辆及零部件
	C		
	D		准备实训所需工具及维修手册等
	E		
	F		

五、任务实施

（一）操作步骤

1. 半轴的拆卸（见表 2-4）。

表 2-4 半轴的拆卸

步骤	项目	顺序	工作内容
1	准备工作	1	将车辆驶入举升机工位，将变速器换挡杆置于空挡位置，并拉紧驻车制动器
		2	铺设车内防护三件套
		3	将举升机支车臂对正支车点，操纵举升机使支车臂与支车点稳定接触
2	拆卸轮胎和半轴自锁螺母	1	拆下左前轮毂罩盖，在车轮前方放置轮胎限位块
		2	一名维修人员进入车内用力踩住制动踏板保持车辆不动，另一名维修人员使用扭力扳手、30 mm 套筒松开半轴自锁螺母（自锁螺母松开时车辆有可能发生移动，故执行此操作，以免发生事故）
		3	使用扭力扳手、短接杆、17 mm 套筒松开轮胎固定螺栓，回收轮胎限位块，举升车辆使轮胎离开地面，取下轮胎放置在轮胎架上
		4	使用棘轮扳手、短接杆、30 mm 套筒拆卸半轴自锁螺母，并使用磁力吸棒取出垫片
3	拆卸半轴内等速万向节	1	举升车辆至合适位置，并锁住保险，车内维修人员踩住制动踏板（防止拆卸内等速万向节时半轴转动）
		2	另一名维修人员使用棘轮扳手、短接杆、8 mm 套筒依次拧出半轴内等速万向节与半轴驱动法兰连接的六个螺栓
		3	用橡胶锤轻轻敲击内等速万向节，使之与半轴驱动法兰脱离
		4	降下车辆，车内维修人员下车

续表

步骤	项目	顺序	工作内容
4	取出半轴	1	调整车辆高度至合适位置并锁住保险
		2	在车轮轴承壳与独立悬架上标记出二者的相对安装位置（否则必须调整外倾角）
		3	使用棘轮扳手、18 mm 套筒及 19 mm 扳手配合，拆卸车轮轴承壳与独立悬架的两个螺栓
		4	取下制动软管，将车轮轴承壳转向一侧，抽出外等速万向节，取下半轴总成（若外等速万向节无法抽出，可使用拉拔器压出外等速万向节，取下半轴总成）
5	拆卸另一侧半轴		按照相同的步骤拆卸另一侧半轴

2. 半轴的安装（见表 2-5）

表 2-5　半轴的安装

步骤	项目	顺序	工作内容
1	装入半轴	1	安装内等速万向节密封垫，安装时要注意螺纹孔的位置
		2	将半轴外等速万向节安装在轮毂内，并安装外侧半轴垫片及自锁螺母
2	安装内等速万向节	1	安装车轮轴承壳，预装独立悬架上的两个螺栓
		2	将半轴内等速万向节与半轴驱动法兰复位，安装内等速万向节上的六个螺栓
		3	降下车辆，按照拆卸时制作的标记，使用扭力扳手、18 mm 套筒及 19 mm 扳手配合紧固连接轴承壳与独立悬架的两个螺栓至 95 N · m，安装制动软管
		4	一名维修人员进入车内踩住制动踏板（防止紧固内等速万向节时半轴转动）
		5	举升车辆至合适高度，使用扭力扳手、短接杆、8 mm 套筒把内等速万向节六个螺栓紧固至 45 N · m
3	安装轮胎及自锁螺母	1	降下车辆安装轮胎，继续降下车辆使车轮与地面接触，然后在车轮后部放置限位块，使用扭力扳手、短接杆、17 mm 套筒紧固螺栓至 110 N · m
		2	车内维修人员用力踩下制动踏板以保持车辆不动
		3	使用扭力扳手、30 mm 套筒紧固半轴外侧自锁螺母至 265 N · m，车内维修人员下车
		4	安装轮胎护罩，回收轮胎限位块
4	安装另一侧半轴		按照相同的步骤安装另一侧半轴
5	整理现场	1	撤去举升臂及车内外防护品
		2	整理工具，打扫现场卫生

（二）实施记录

结合实施过程，对照表 2-6 所列检查项目进行检查，补齐力矩标准，并记录实际的检查结果。

表 2-6 实施记录

序号	项目	力矩标准	实际安装是否达到力矩要求
1	检查内等速万向节螺栓安装力矩	________ N·m	是□ 否□
2	检查轮胎螺栓安装力矩	________ N·m	是□ 否□
3	检查半轴外侧自锁螺母安装力矩	________ N·m	是□ 否□

六、检查

（一）自检

结合本组任务操作过程，对任务执行过程中的操作规范性进行检查，检查操作过程中是否存在以下问题，分析讨论应如何避免并总结规范的操作方法（见表 2-7）。

表 2-7 自检

检查项目	结果
车辆停放位置是否合适，是否将变速器置于空挡并拉紧驻车制动器	是□ 否□
是否使用三件套对车辆进行防护	是□ 否□
使用举升机是否按规范操作，是否注意人身安全	是□ 否□
拆下的配件摆放是否规范（例如是否放在配件车内）	是□ 否□
各螺栓是否按照规定力矩拧紧	是□ 否□

（二）互检

组与组之间相互进行任务操作过程及结果检查，并把检查结果填写在表 2-8 中。

表 2-8 互检

检查项目	结果
车辆停放位置是否合适，是否将变速器置于空挡并拉紧驻车制动器	是□ 否□
是否使用三件套对车辆进行防护	是□ 否□
使用举升机是否按规范操作，是否注意人身安全	是□ 否□
拆下的配件摆放是否规范（例如是否放在配件车内）	是□ 否□
各螺栓是否按照规定力矩拧紧	是□ 否□

七、课堂小结

____

____

____

任务三　半轴总成检查

半轴总成检查任务工单

客户信息	姓名		职业	

车辆信息	车型	VIN 码	行驶里程

客户描述

倒挡行驶异响 □	踩下离合器异响 □	挂挡时产生异响 □	变速器油液泄漏 □
离合器打滑 □	变速器挂挡困难 □	变速器掉挡 □	主减速器异响 □
差速器异响 □	变速器乱挡 □	半轴故障 □	离合器踏板行程过长 □

其　他：

车辆外观检查

凹凸 □　划痕 □　石击 □　油漆 □

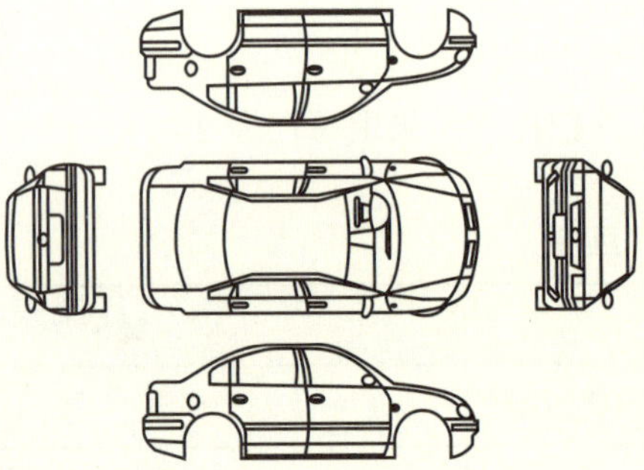

车辆内部检查

污渍 □　破损 □　色斑 □　变形 □

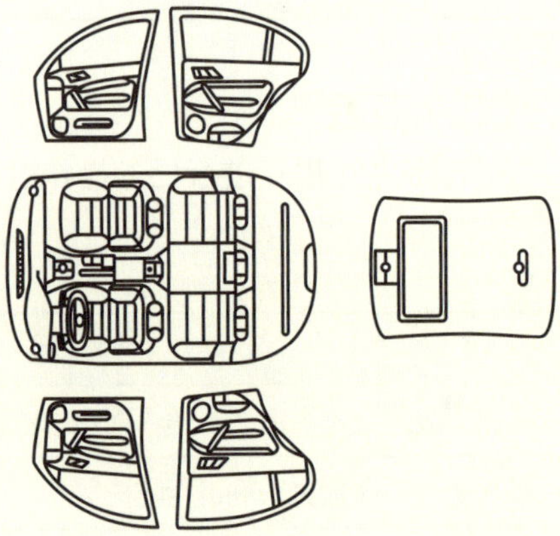

明确具体工作任务

任务目标

- 能够对半轴的万向节进行拆装与检查
- 掌握不同车型万向节的拆装与检查方法
- 能够解答客户提出的关于万向节损坏的疑问

任务内容

- 万向节的定义、分类，以及球笼式等速万向节的组成和原理
- 分解球笼式等速万向节的方法
- 球笼式等速万向节的检查、组装方法

续表

任务重点	● 万向节的拆装与检查
任务难点	● 万向节的拆装与检查

一、知识讲解

（一）万向节的定义、分类及工作原理

1. 万向节的定义和分类

万向节即万向接头，是实现变角度动力传递的机械部件，用于需要改变传动轴线方向的场合。它是汽车驱动系统万向传动装置的“关节”部件。

万向节按结构和速度特性不同，可分为不等速万向节、准等速万向节和等速万向节三种。

（1）不等速万向节是当连接的两轴夹角大于 0° 时，输出轴和输入轴之间以变化的瞬时角速度比传递运动，但平均角速度相等的万向节。常见的不等速万向节为十字轴式万向节，如图 3-1 所示。

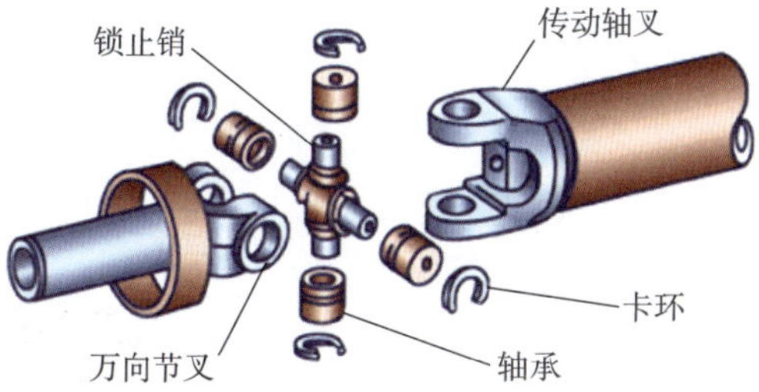

图 3-1 十字轴式万向节

（2）准等速万向节是指在设计的角度下以相等的瞬时角速度传递运动，而在其他角度下以近似相等的瞬时角速度传递运动的万向节。准等速万向节分为双联式准等速万向节、三销轴式准等速万向节、凸块式准等速万向节、球面滚轮式准等速万向节，如图 3-2 所示。

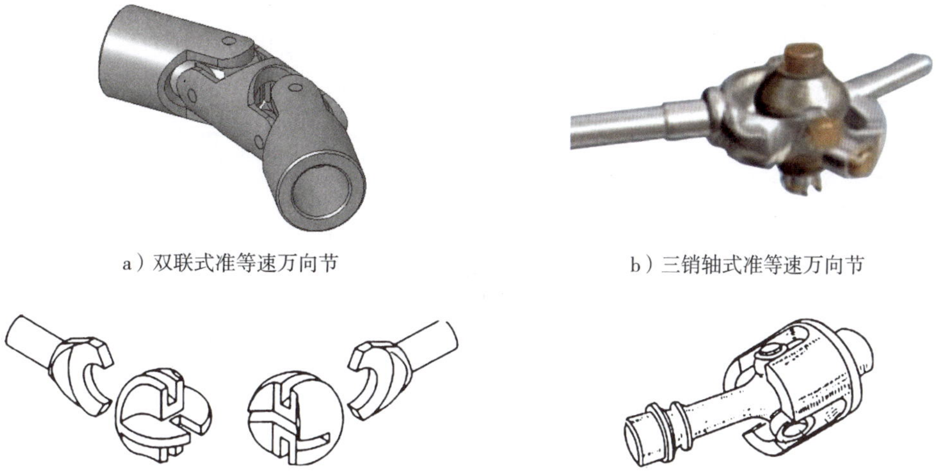

a）双联式准等速万向节

b）三销轴式准等速万向节

c）凸块式准等速万向节

d）球面滚轮式准等速万向节

图 3-2 准等速万向节

（3）等速万向节是将轴间有夹角或相互位置有变化的两轴连接起来，并使两轴以相同的角速度传递动力的装置，它可以克服普通十字轴式万向节存在的不等速问题。等速万向节有球笼式等速万向节

（简称球笼）和球叉式等速万向节两种，如图 3-3 所示。其中，球笼式等速万向节结构紧凑、拆装方便，因此被广泛采用。

a）球笼式等速万向节

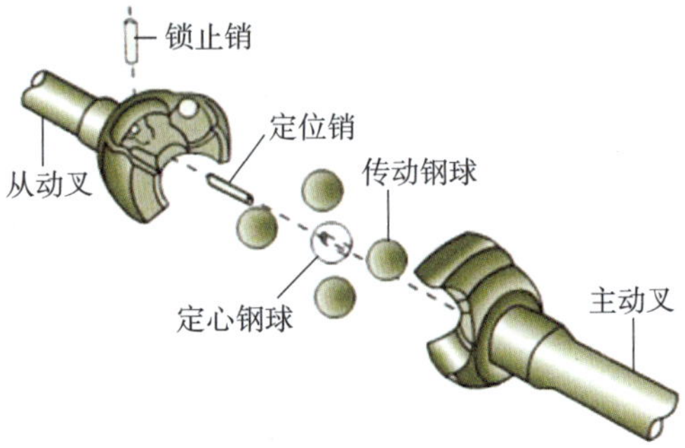

b）球叉式等速万向节

图 3-3　等速万向节

2. 球笼式等速万向节的组成和原理

球笼式等速万向节由六个钢球、星形套、保持架、外座圈组成，如图 3-4 所示。

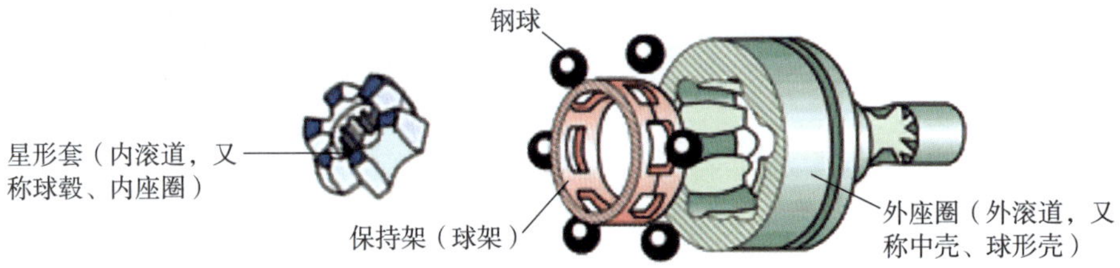

图 3-4　球笼式等速万向节的组成

等速万向节的基本原理就是从结构上保证万向节在工作过程中，其传力点始终位于主、从动轴夹角的平分面上。球笼式等速万向节在工作时，传力点永远位于两轴交点的平分面上，传动钢球在外座圈和星形套上的凹槽内自由滚动，可以实现两个传动轴发生角度变化时的动力传递，而保持架的作用则是使传动钢球始终处于两轴相交点的平面内，如图 3-5 所示。

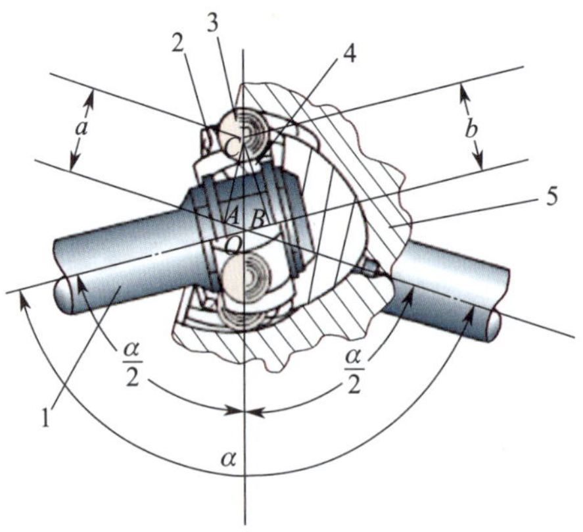

图 3-5　球笼式等速万向节的工作原理

O—万向节中心　A—外滚道中心　B—内滚道中心　C—钢球中心　α—两轴夹角　a—外座圈中轴线与钢球中心距离　b—星形套中轴线与钢球中心距离　1—传动轴　2—星形套　3—钢球　4—保持架　5—外座圈

（二）对万向节进行检查的必要性

万向节内部充满润滑脂，并使用防护套进行密封，当防护套破损时，润滑脂便会甩出，使得万向节缺少润滑。若进入沙尘，将会加大万向节的磨损。

万向节传动过程中，若传动钢球磨损严重或外座圈和星形套的凹槽磨损严重，便会因冲击而产生异响。保持架若被损坏，则会导致传动钢球在凹槽内移动时不能始终处于同一平面，从而造成钢球与保持架的机械损伤。

（三）球笼式等速万向节的检查方法

1. 分解球笼式等速万向节

转动保持架及星形套，连同钢球一起从外座圈中转出，使用铜棒顶住球笼星形套，并用金属锤敲击铜棒，使保持架及星形套与外座圈垂直，取下星形套、保持架及钢球，如图 3-6 所示。

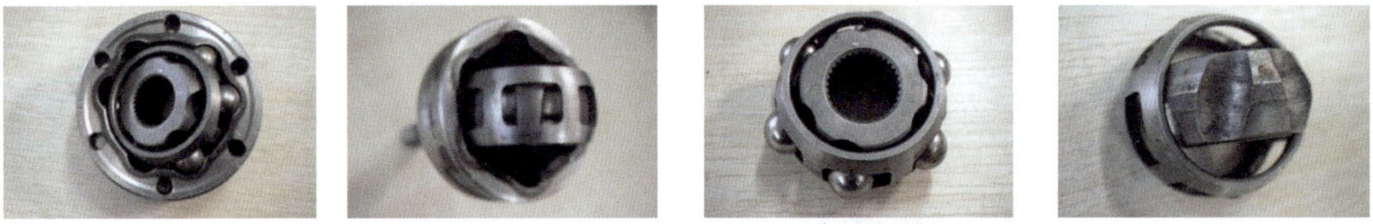

a） b） c） d）

图 3-6 分解球笼式等速万向节的步骤

2. 检查球笼式等速万向节

首先将分解出来的星形套、外座圈和钢球等清洗干净，然后再对各零部件进行检查。具体检查内容见表 3-1。

表 3-1 检查球笼式等速万向节

序号	图示	说明
1	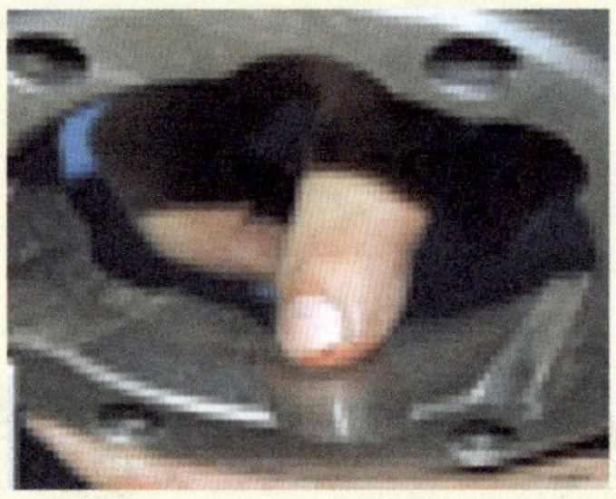	检查外座圈内的滚道是否有台阶、斑点、划痕等不规则的磨损
2		检查星形套上的滚道是否有台阶、斑点、划痕等不规则的磨损

续表

序号	图示	说明
3		检查钢球是否有斑点、划痕等不规则的磨损
4	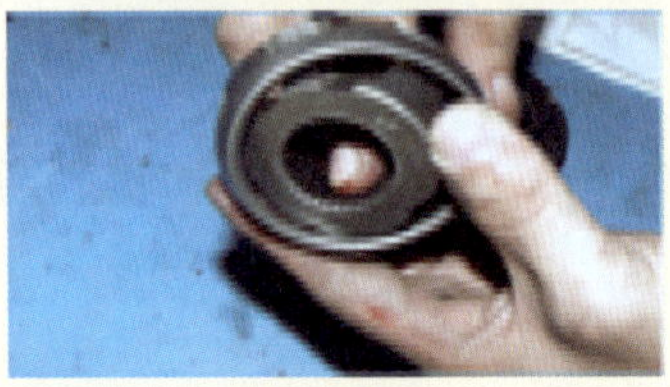	检查星形套花键孔是否有损坏、缺齿、过度磨损等
5		检查保持架是否有裂痕等
6		检查半轴传动杆及花键是否存在裂纹及机械变形等现象
7		检查球笼防护套是否存在橡胶老化、破裂现象

3. 组装球笼式等速万向节

安装外球笼：先在星形套和外座圈的滚道上涂抹少量的润滑脂，再将外球笼的星形套有倒角的一侧与保持架有倒角的一侧安装在相反方向，二者垂直装入外座圈，并分别将六个钢球间隔安装在保持架上，将保持架、星形套及钢球推入外座圈中，注意星形套有倒角的一侧和保持架有倒角的一侧朝向外座圈的大端。安装步骤如图 3-7 所示。安装后使球笼内充满润滑脂。

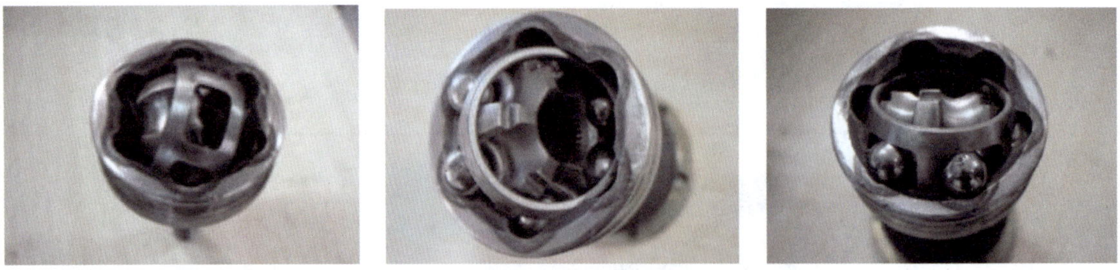

图 3-7　安装外球笼

安装内球笼：先在星形套和外座圈的滚道上涂抹少量的润滑脂，而后使星形套上的大面对准外座圈的小面，再将星形套与保持架二者垂直装入外座圈中，最后将球笼星形套有倒角的一侧与外座圈端面不平的一面反向装入到外座圈中。安装步骤如图 3-8 所示。安装后使球笼内充满润滑脂。

图 3-8 安装内球笼

二、任务准备

勾选出完成本任务所需的工具、设备、资料等。

金属锤	塞尺	游标卡尺	台虎钳

铜棒	工作台	直尺	尖嘴钳

记号笔	5 挡拨叉拆卸专用工具	防护套束条夹紧钳	卡簧钳
		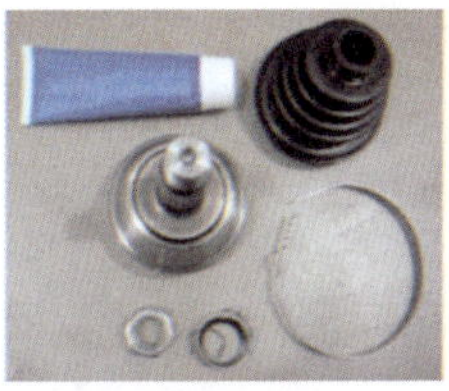	
维修手册	半轴总成	外球笼式等速万向节	内球笼式等速万向节

三、防护措施

（一）个人安全防护

1. 维修人员必须身穿工作服、戴工作帽、穿工作鞋，工作服纽扣、拉链及皮带扣应藏于衣服内侧，扎紧袖口、领口、裤脚，佩戴手套。女生长发要盘起放在工作帽内。

2. 维修人员在进入车间前应摘掉手表、戒指、项链、耳环等金属饰品。

3. 维修人员在进行车辆维修操作时，应防止车轮压伤脚部、车门夹伤手部、热的发动机烫伤手部、发动机传动带绞伤手部。

4. 在搬运重物及尖锐器物时应注意动作姿势，防止扭伤腰部、砸伤脚部或划伤手部。

（二）车辆 / 台架等设备的安全防护

1. 车辆进入车间内，应停放至指定地点，熄灭发动机，将变速器置于空挡位置，并拉紧驻车制动器。台架应将滑轮锁死或用木块固定。

2. 维修操作前应铺设三件套及翼子板布，发动机启动前应确保其他维修人员远离车辆，并连接尾气排放设备。

3. 操作电气设备时应注意用电安全，作业结束后应及时切断一切用电设备的电源。

4. 操作前应熟读维修手册中的操作标准和台架、仪器、设备使用标准，并做好日常维护工作。

（三）车间场地的安全防护

1. 车间应配有灭火器及相应消防设施，易燃油品应存放在密封的金属罐中。

2. 车间内的工具、零部件、设备、车辆等应有序摆放。

3. 车间内设备和车辆周围的人行道和工作区域必须保证足够的安全空间。

4. 操作过程中应做到油品、工具、配件三不落地，作业完毕后应及时清理车间工作场地，做到现场 5S 管理。

四、任务分配（见表 3-2）

表 3-2　任务分配表

职务	代码	姓名	工作内容
组长	A		监督、管理组员工作
组员	B		准备实训所需车辆及零部件
	C		
	D		准备实训所需工具及维修手册等
	E		
	F		

五、任务实施

（一）操作步骤

1. 分解球笼式等速万向节

将没有排序的工作内容进行排序（见表 3–3）。

表 3–3 分解球笼式等速万向节

步骤	项目	顺序	工作内容
1	准备工作		将半轴放置在工作台上
2	拆卸内球笼式等速万向节		使用卡簧钳拆卸内球笼式等速万向节的弹性挡圈
			使用一字旋具拆卸内球笼式等速万向节的防护套卡箍
			将半轴从内球笼式等速万向节花键孔中抽出，并取下碟形垫圈和防护套
3	拆卸外球笼式等速万向节		使用一字旋具拆卸外球笼式等速万向节的防护套卡箍
			使用金属锤将外球笼式等速万向节从半轴上敲下
			使用一字旋具取下开口弹性挡圈
			取下止推垫圈、碟形垫圈和防护套
4	分解外球笼式等速万向节		在拆解外球笼式等速万向节前，用电子划线器或滑石笔标出星形套与保持架和外座圈的相对位置
			转动保持架，使两个长方形孔与保持架保持水平，取下星形套与保持架
			转动星形套和保持架，拆卸所有钢球
5	分解内球笼式等速万向节		转动星形套和保持架至适当位置
			将钢球依次压出保持架，并取下星形套和保持架
			按钢球的运行轨道从保持架中压出星形套

2. 检查球笼式等速万向节

将表 3–4 中缺失的工作内容补充完整。

表 3–4 检查球笼式等速万向节

步骤	项目	顺序	工作内容
1	检查内球笼式等速万向节	1	检查润滑脂，如果润滑脂很脏，需更换
		2	
		3	
		4	检查星形套上的滚道是否有台阶、斑点、划痕等不规则的磨损
		5	
		6	
		7	检查保持架是否有裂痕

续表

步骤	项目	顺序	工作内容
2	检查外球笼式等速万向节	1	检查润滑脂，如果润滑脂很脏，需更换
		2	检查万向节防护套是否有破损、开裂、老化现象
		3	检查外座圈内的滚道是否有台阶、斑点、划痕等不规则的磨损
		4	
		5	
		6	
		7	检查保持架是否有裂痕

3. 组装球笼式等速万向节

将没有排序的工作内容进行排序（见表 3-5）。

表 3-5　组装球笼式等速万向节

步骤	项目	顺序	工作内容
1	组装内球笼式等速万向节		将星形套插入保持架，把钢球压入保持架，安装位置任意
			用力压保持架，把钢球和星形套完全装进万向节外座圈
			将钢球全部嵌入到保持架上，且对应星形套上的每一道凹槽内
			把星形套、保持架和钢球垂直嵌入万向节外座圈，星形套有倒角的一侧必须面对外座圈端面平整的一面
			如果用手沿轴线范围能将星形套移进或移出，则说明万向节安装正确
2	组装外球笼式等速万向节		在安装外球笼式等速万向节前，向万向节压入一定量的润滑脂
			把带有星形套的保持架装入外座圈，保证星形套与保持架及外座圈的原位置
			交替从侧面压入钢球
3	安装外球笼式等速万向节		在半轴外侧端安装外球笼式等速万向节防护套、碟形垫圈和止推垫圈及新的弹性挡圈
			将半轴沿轴线方向插入外球笼式等速万向节花键孔，并用金属锤敲击到位
			在防护套内压入定量的润滑脂，并将防护套小直径端拉开通气，使压力平衡
			装入防护套卡箍，使用大力钳紧固
4	安装内球笼式等速万向节		在半轴内侧端安装内球笼式等速万向节防护套、碟形垫圈
			将半轴沿轴线方向插入内球笼式等速万向节花键孔，并用卡簧钳装入新的弹性挡圈
			在防护套内压入定量的润滑脂，并将防护套小直径端拉开通气，使压力平衡
			装入防护套卡箍，使用大力钳紧固
5	整理		整理工具，打扫现场卫生

（二）实施记录

结合实施过程，对照表 3-6 所列检查项目进行检查，并记录实际的检查结果。

表 3-6 实施记录

序号	项目	检查结果	备注
1	检查外座圈内的滚道	正常 □ 有台阶 □ 有斑点 □ 有划痕 □	
2	检查钢球	正常 □ 有斑点 □ 有划痕 □ 有不规则的磨损 □	
3	检查星形套上的滚道	正常 □ 有台阶 □ 有斑点 □ 有划痕 □	
4	检查星形套花键孔	正常 □ 损坏 □ 缺齿 □ 过度磨损 □	
5	检查保持架	正常 □ 有裂痕 □	
6	检查球笼防护套	正常 □ 橡胶老化 □ 破裂 □	
7	检查半轴传动杆及花键	正常 □ 存在裂纹 □ 变形 □	

六、检查

（一）自检

结合本组任务操作过程，对任务执行过程中的操作规范性进行检查，检查操作过程中是否存在以下问题，分析讨论应如何避免并总结规范的操作方法（见表 3-7）。

表 3-7 自检

检查项目	结果
卡簧钳使用方法是否正确	是 □ 否 □
钢球、星形套、保持架拆卸方法是否正确	是 □ 否 □
是否将零部件清洗干净后再进行检查	是 □ 否 □
钢球、星形套、保持架安装方法是否正确	是 □ 否 □
防护套卡箍安装方法是否正确	是 □ 否 □

（二）互检

组与组之间相互进行任务操作过程及结果检查，并把检查结果填写在表 3-8 中。

表 3-8 互检

检查项目	结果
卡簧钳使用方法是否正确	是 □ 否 □
钢球、星形套、保持架拆卸方法是否正确	是 □ 否 □
是否将零部件清洗干净后再进行检查	是 □ 否 □
钢球、星形套、保持架安装方法是否正确	是 □ 否 □
防护套卡箍安装方法是否正确	是 □ 否 □

七、课堂小结

任务四　变速器外部换挡操纵机构拆装与调整

变速器外部换挡操纵机构拆装与调整任务工单			
客户信息	姓名		职业

车辆信息	车型	VIN 码	行驶里程

客户描述

倒挡行驶异响 □	踩下离合器异响 □	挂挡时产生异响 □	变速器油液泄漏 □
离合器打滑 □	变速器挂挡困难 □	变速器掉挡 □	主减速器异响 □
差速器异响 □	变速器乱挡 □	半轴故障 □	离合器踏板行程过长 □

其　他：

车辆外观检查		车辆内部检查	
凹凸 □	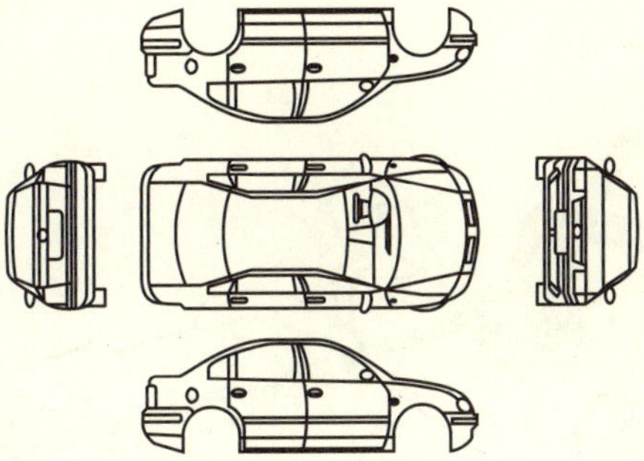	污渍 □	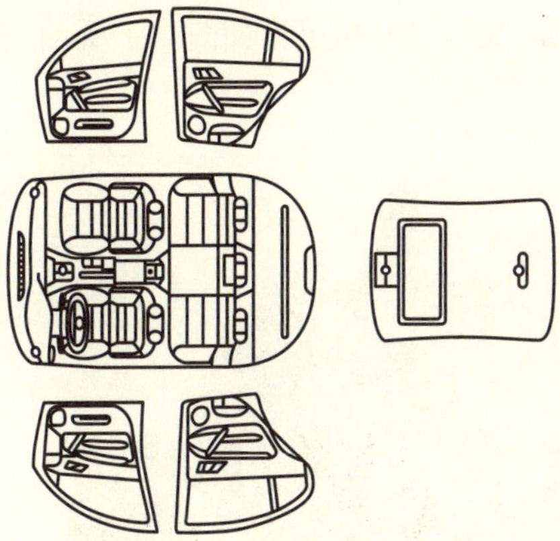
划痕 □		破损 □	
石击 □		色斑 □	
油漆 □		变形 □	

明确具体工作任务

任务目标

- 能够拆装与调整变速器外部换挡操纵机构
- 掌握不同类型的变速器外部换挡操纵机构的拆装与调整方法
- 能够解答客户提出的关于变速器外部换挡操纵机构损坏的疑问

续表

任务内容	● 换挡操纵机构的作用、组成和分类 ● 外部换挡操纵机构的组成 ● 外部换挡操纵机构的拆装方法以及功能检查与调整方法
任务重点	● 变速器外部换挡操纵机构的拆装方法
任务难点	● 变速器外部换挡操纵机构的调整方法

一、知识讲解

（一）换挡操纵机构的作用、组成及分类

换挡操纵机构的主要作用是根据驾驶员意愿改变变速器内部的齿轮组合方式。根据汽车使用条件的需要，驾驶员利用变速器的操纵机构完成选挡、换挡或退到空挡的工作，从而改变汽车的行驶速度、行驶方向或者中断动力传递。变速器操纵机构应当满足以下主要要求：换挡时只能挂入 1 个挡，退挡后应使齿轮在全齿长上啮合，防止自动脱挡或自动挂挡，防止误挂倒挡，换挡轻便。

换挡操纵机构由外部换挡操纵机构和内部换挡操纵机构两部分组成。用于机械式变速器的操纵机构，常见的是由换挡杆、拨块、拨叉、变速器拨叉轴以及互锁、自锁和倒挡锁装置等部件组成。挂挡时，通过外部远距离操纵机构将换挡杆的动作传递至变速器内部，再通过变速器内部换挡机构实现换挡。变速器操纵机构如图 4–1 所示。

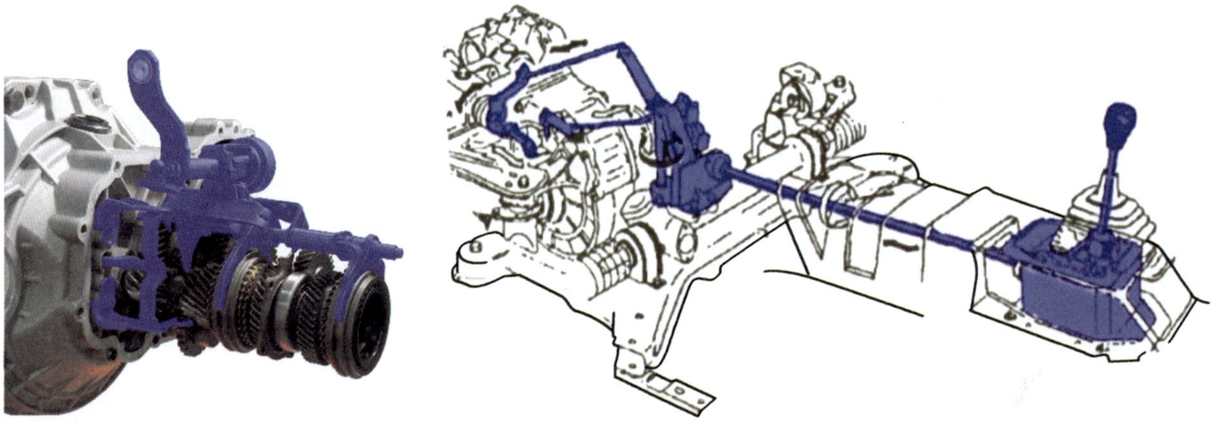

a）内部换挡操纵机构　　b）外部换挡操纵机构

图 4–1　变速器操纵机构

外部换挡操纵机构根据操纵方式不同，分为直接操纵式换挡机构和远距离操纵式换挡机构两种，如图 4–2 所示。

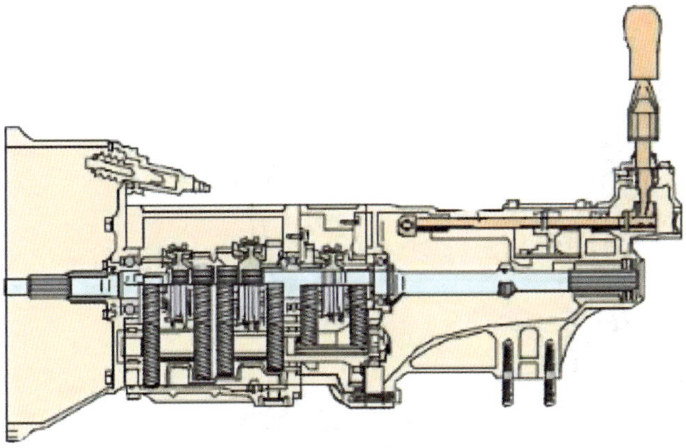
a）直接操纵式换挡机构

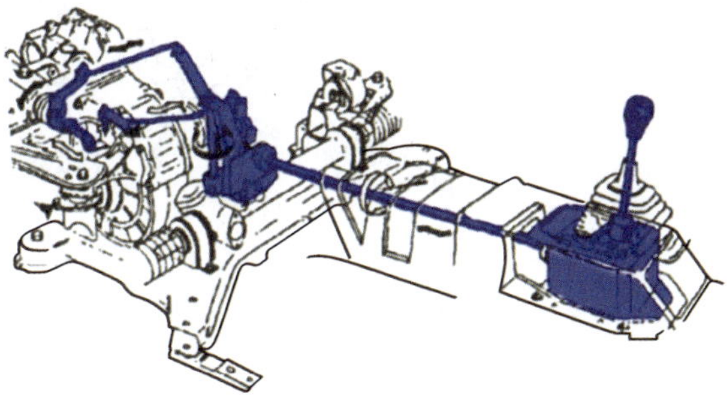
b）远距离操纵式换挡机构

图 4–2 外部换挡操纵机构

直接操纵式换挡机构将换挡杆安装在变速器上，挂挡时换挡杆拨动变速器内部的换挡机构进行换挡。

远距离操纵式换挡机构多用于发动机前置前轮驱动的乘用车上，其变速器安装在前驱动桥处，远离驾驶员座椅，需要采用这种操纵方式。

远距离操纵式换挡机构根据其结构不同分为拉线式和传动杆式两种，如图 4–3 所示。

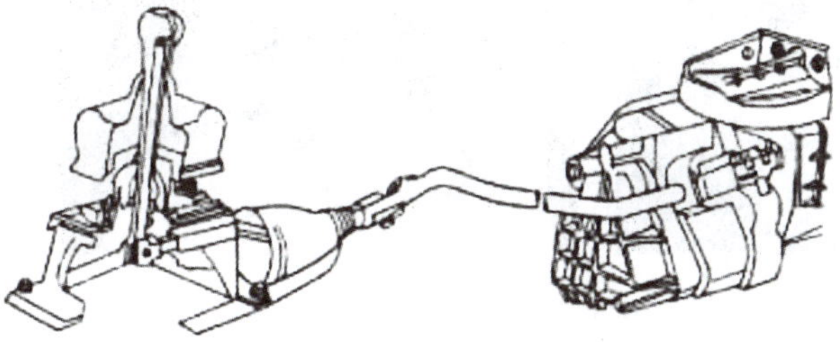
a）拉线式

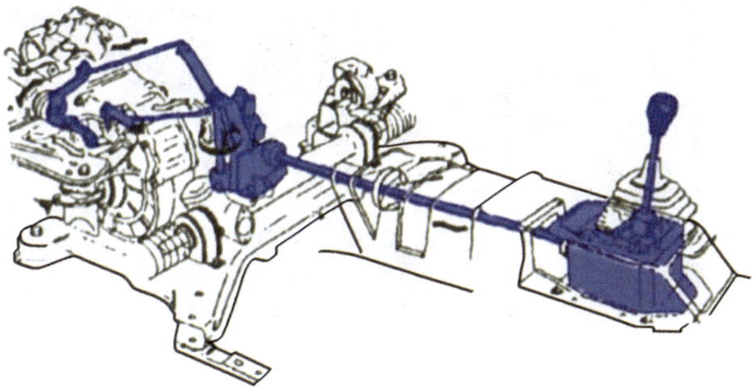
b）传动杆式

图 4–3 远距离操纵式换挡机构

本任务中的故障车采用的就是传动杆式远距离操纵式换挡机构，下面将以这种结构形式的换挡操纵机构为例进行讲解。

（二）传动杆式远距离操纵式换挡机构的结构组成

传动杆式远距离操纵式换挡机构由变速杆、支架、拉杆、销轴、摆臂、选挡换挡轴、自锁装置、拨叉轴等组成，如图 4–4 所示。

（三）对换挡操纵机构进行调整或更换的原因

外部换挡操纵机构经过长时间使用或人为暴力操作后可能产生磨损或变形，这就有可能造成换挡杆在传递动力过程中出现挡位传递混乱或挂挡功能失效等现象。因此，当发现功能异常时就要对换挡操纵机构进行检查，如需对外部换挡操纵机构进行更换，在更换完毕后还应对换挡操纵机构进行调整校准。

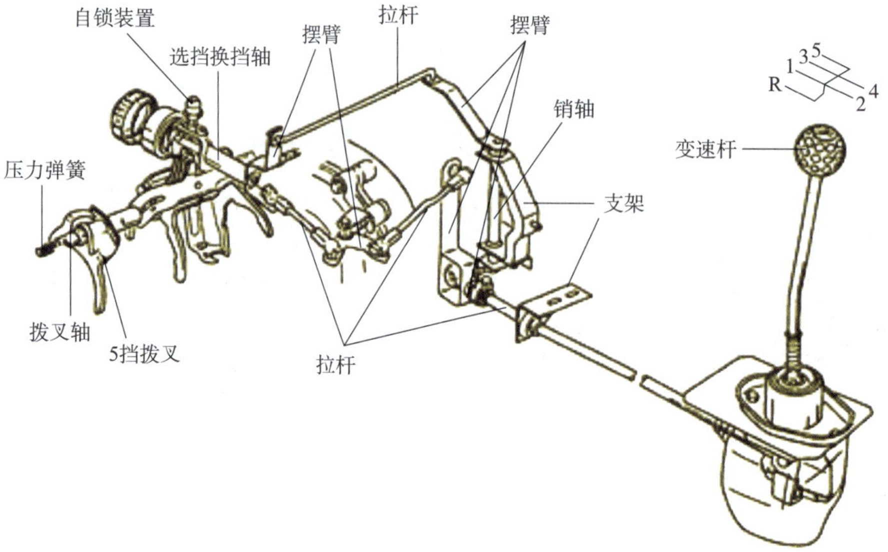

图 4-4　传动杆式远距离操纵式换挡机构的结构组成

（四）更换外部换挡操纵机构的方法

1. 外部换挡操纵机构的拆卸方法

（1）断开变速器与换挡操纵机构的连接，如图 4-5 所示。

图 4-5　断开变速器与换挡操纵机构的连接

（2）拆卸换挡操纵机构壳体，如图 4-6 所示。

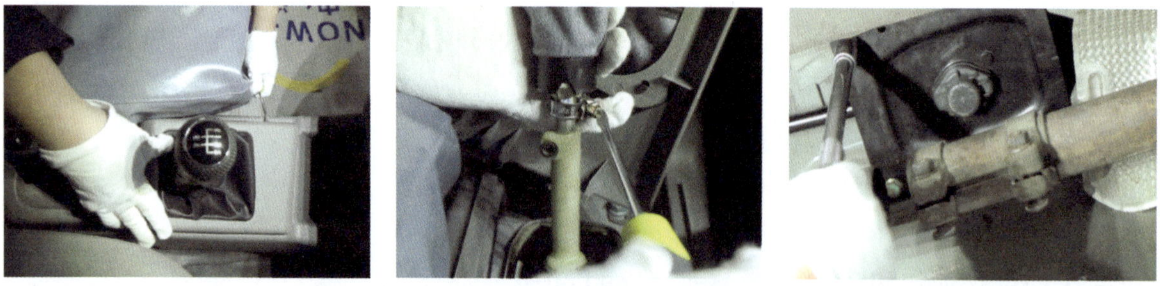

图 4-6　拆卸换挡操纵机构壳体

（3）拆卸并取下换挡操纵机构，如图 4-7 所示。

2. 外部换挡操纵机构的安装方法

先安装换挡操纵机构壳体，再安装杆系传动机构，如图 4-8 所示。

图 4-7 拆卸并取下换挡操纵机构

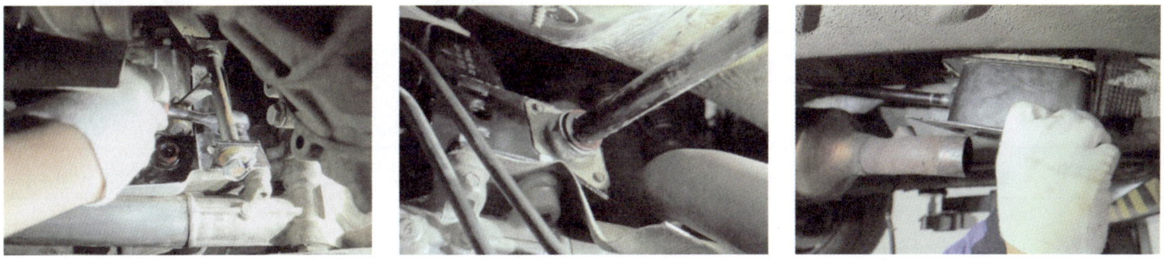

图 4-8 安装外部换挡操纵机构

3. 外部换挡操纵机构的功能检查与调整方法

由于外部换挡操纵机构通过一系列的杆系传动机构将换挡杆的动作传递至变速器，所以在更换完成后，要检查外部换挡操纵机构的功能是否均能实现，如不能实现则需要对其进行调整，同时还要对换挡操纵机构各铰链点和接触面进行润滑，如图 4–9 所示。

图 4-9 外部换挡操纵机构润滑方法

在调整时，需先松开换挡杆前端的卡箍，然后将变速器挡位置于空挡位置，并将换挡杆用专用工具进行定位（将其定位在中间位置），如图 4–10 所示，最后拧紧卡箍上的六角螺栓。

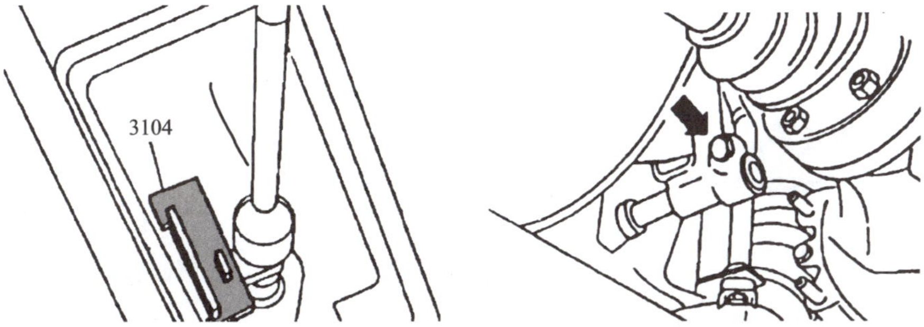

a）换挡杆定位工具　　b）卡箍及拧紧螺栓

图 4-10 调整外部换挡操纵机构

二、任务准备

勾选出完成本任务所需的工具、设备、资料等。

		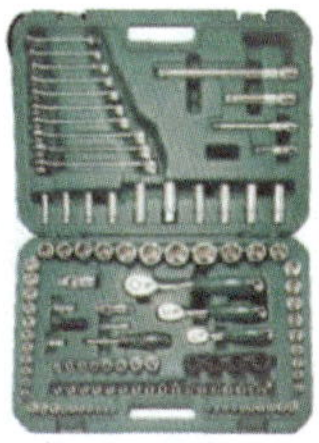	
金属锤	工具车	常用工具套装	铜棒
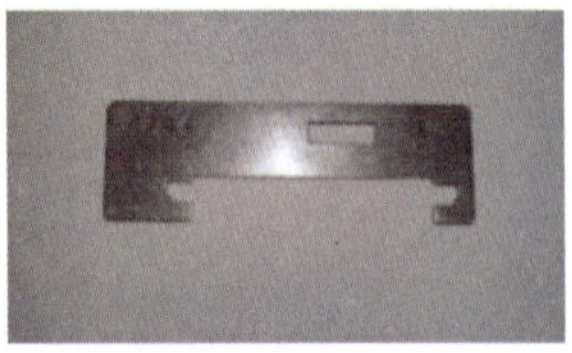	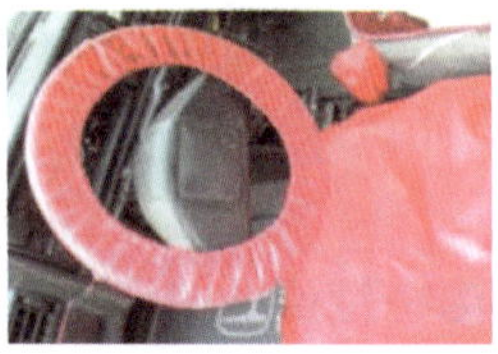		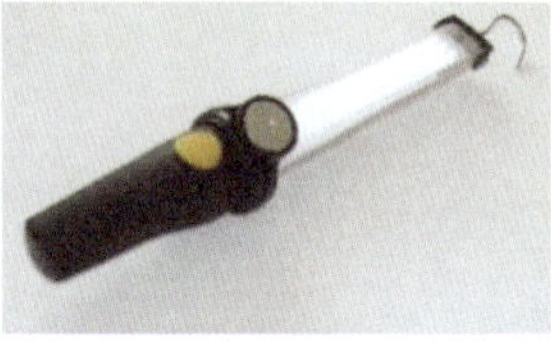
换挡杆定位工具	三件套	记号笔	工作灯
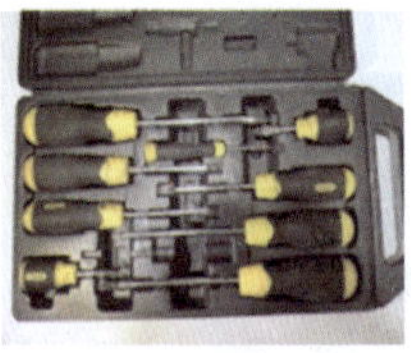		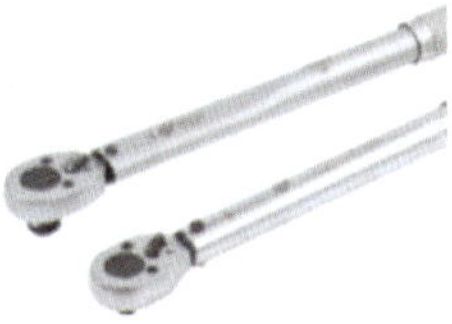	
旋具套装	游标卡尺	扭力扳手	工具车

	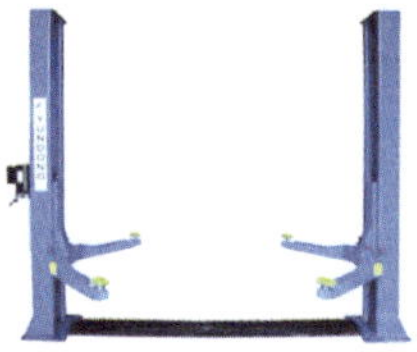	
维修手册	举升机	实训整车

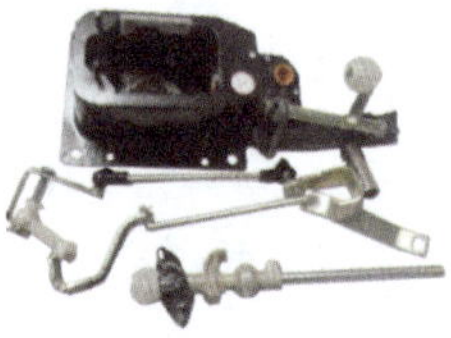	
外部换挡操纵机构备件	润滑脂

三、防护措施

（一）个人安全防护

1. 维修人员必须身穿工作服、戴工作帽、穿工作鞋，工作服纽扣、拉链及皮带扣应藏于衣服内侧，扎紧袖口、领口、裤脚，佩戴手套。女生长发要盘起放在工作帽内。

2. 维修人员在进入车间前应摘掉手表、戒指、项链、耳环等金属饰品。

3. 维修人员在进行车辆维修操作时，应防止车轮压伤脚部、车门夹伤手部、热的发动机烫伤手部、发动机传动带绞伤手部。

4. 在搬运重物及尖锐器物时应注意动作姿势，防止扭伤腰部、砸伤脚部或划伤手部。

（二）车辆 / 台架等设备的安全防护

1. 车辆进入车间内，应停放至指定地点，熄灭发动机，将变速器置于空挡位置，并拉紧驻车制动器。台架应将滑轮锁死或用木块固定。

2. 维修操作前应铺设三件套及翼子板布，发动机启动前应确保其他维修人员远离车辆，并连接尾气排放设备。

3. 操作电气设备时应注意用电安全，作业结束后应及时切断一切用电设备的电源。

4. 操作前应熟读维修手册中的操作标准和台架、仪器、设备使用标准，并做好日常维护工作。

（三）车间场地的安全防护

1. 车间应配有灭火器及相应消防设施，易燃油品应存放在密封的金属罐中。

2. 车间内的工具、零部件、设备、车辆等应有序摆放。

3. 车间内设备和车辆周围的人行道和工作区域必须保证足够的安全空间。

4. 操作过程中应做到油品、工具、配件三不落地，作业完毕后应及时清理车间工作场地，做到现场 5S 管理。

四、任务分配（见表 4-1）

表 4-1　任务分配表

职务	代码	姓名	工作内容
组长	A		监督、管理组员工作
组员	B		准备实训所需车辆及零部件
	C		
	D		准备实训所需工具及维修手册等
	E		
	F		

五、任务实施

（一）操作步骤

完成表 4–2 中操作步骤的排序。

表 4–2　操作步骤

步骤	项目	顺序	工作内容
1	准备工作	1	将车辆驶入举升机工位，将变速器置于空挡，熄火并拉紧驻车制动器
		2	铺设车内防护三件套
		3	打开发动机舱盖，铺设翼子板布，用吹尘枪简单清洁发动机舱
		4	在正确位置摆放举升臂
2	拆卸变速器外部联动机构	1	使用尖嘴钳拆卸连接杆两端锁止卡子，取下连接杆
			使用一字旋具拆卸短选挡拉杆，并将其取下
			使用 13 mm 梅花扳手拆卸选挡换挡轴杠杆固定螺栓，并取下选挡换挡轴杠杆
			使用一字旋具拆卸长选挡拉杆，并将其取下
			使用 13 mm 套筒和梅花扳手拆卸直角杠杆固定螺栓，并取下直角杠杆
3	拆卸中央饰板	1	进入车内，拆掉换挡操纵杆保护套，使用一字旋具撬开换挡操纵杆下方饰板
		2	使用一字旋具拆卸换挡操纵杆手柄下方卡箍，取下操纵杆手柄及饰板
4	举升车辆	1	举升车辆至距地面约 20 cm，检查举升臂与车辆的相对位置，若位置存在偏差，则降下车辆重新摆放举升臂
		2	将车辆举升至合适高度，并锁住保险
5	拆卸隔热板及排气管	1	使用 17 mm 套筒拆卸排气管卡箍螺栓，断开排气管卡箍
			使用 22 mm 呆扳手拆卸氧传感器
			使用尖嘴钳拆卸隔热板固定锁片，并取下隔热板
6	拆卸换挡机构	1	使用 13 mm 套筒拆卸选挡杠杆卡箍螺栓，并取下选挡杠杆
		2	使用 13 mm 套筒拆卸换挡机构壳体固定螺栓，并取下壳体
		3	使用 13 mm 梅花扳手拆卸导向轴支撑座固定螺栓，并取下导向轴支撑座
7	涂抹润滑脂	1	在短选挡拉杆球头安装处均匀涂抹润滑脂
			在长选挡拉杆球头安装处均匀涂抹润滑脂
			在导向轴支撑座的导向球上及轴承孔中均匀涂抹润滑脂
			在直角杠杆轴套孔中均匀涂抹润滑脂
			使用 10 mm 套筒拆卸换挡操纵杆底部球头固定螺栓，在球头上均匀涂抹润滑脂，涂抹完毕后安装紧固螺栓

续表

步骤	项目	顺序	工作内容
8	安装换挡机构	1	安装导向轴支撑座，使用 13 mm 套筒固定螺栓，并紧固至 35 N · m
		2	将换挡拉杆插入导向轴支撑座的轴承内，然后将换挡机构壳体放入安装位置，并使用 13 mm 套筒紧固壳体固定螺栓至 25 N · m
		3	将选挡杠杆插入换挡拉杆前方，并使导向轴支撑座的导向球卡在选挡杠杆的卡槽内
9	安装隔热板及排气管	1	安装隔热板，并紧固隔热板固定锁片
		2	安装氧传感器，并使用 22 mm 呆扳手紧固至 55 N · m
		3	连接排气管，并使用 17 mm 套筒紧固卡箍螺栓
10	降下车辆		将车辆降下，下降时车下严禁站人
11	安装变速器外部联动机构	1	安装直角杠杆，并使用 13 mm 套筒和梅花扳手紧固螺栓
			将长选挡拉杆安装至直角杠杆与选挡杠杆的球头上，并卡好固定卡子
			将选挡换挡轴杠杆安装至选挡换挡轴的花键上，安装位置只有一个，并使用 13 mm 套筒紧固螺栓至 20 N · m
			将短选挡拉杆安装至选挡换挡轴杠杆与直角杠杆的球头上，并卡好固定卡子
		5	将连接杆安装至选挡换挡轴杠杆与导向球连接杆的孔中，并插入锁止卡子
12	调整换挡机构	1	将换挡杆定位工具（3104）安装至换挡操纵杆下方，调整位置使换挡操纵杆无法移动
			将车辆举升至合适高度，并锁住保险
			使用 13 mm 套筒和梅花扳手锁紧选挡杠杆卡箍螺栓
			将车辆降下，取下换挡杆定位工具
13	安装饰板及手柄	1	放入卡箍，将操纵杆手柄按安装位置插入换挡操纵杆，并紧固固定卡箍
		2	安装换挡操纵杆下方饰板
14	路试及整理	1	原地挂入各挡位，测试挂挡是否顺滑、无阻滞
		2	启动发动机，挂入各挡位，测试挂挡是否顺滑、无阻滞
		3	进行路试，测试换挡是否顺滑、无阻滞
		4	撤下三件套，整理工具及现场卫生

（二）实施记录

结合实施过程，对照表 4–3 所列检查项目进行检查，并记录实际的检查结果。

表 4–3 实施记录

序号	项目	力矩标准	实际安装是否达到力矩要求
1	检查换挡机构壳体固定螺栓安装力矩	25 N · m	是 □ 否 □
2	检查导向轴支撑座固定螺栓安装力矩	35 N · m	是 □ 否 □

续表

序号	项目	力矩标准	实际安装是否达到力矩要求
3	检查选挡换挡轴杠杆紧固螺栓安装力矩	20 N·m	是 □　否 □

六、检查

（一）自检

结合本组任务操作过程，对任务执行过程中的操作规范性进行检查，检查操作过程中是否存在以下问题，分析讨论应如何避免并总结规范的操作方法（见表 4–4）。

表 4–4　自检

检查项目	结果
车辆停放位置是否合适，是否将变速器置于空挡并拉紧驻车制动器	是 □　否 □
是否使用三件套对车辆进行防护	是 □　否 □
使用举升机是否按规范操作，是否注意人身安全	是 □　否 □
取下配件的摆放是否规范（例如是否放在配件车内等）	是 □　否 □
换挡杆定位工具使用方法是否正确	是 □　否 □
各螺栓是否按照规定力矩拧紧	是 □　否 □

（二）互检

组与组之间相互进行任务操作过程及结果检查，并把检查结果填写在表 4–5 中。

表 4–5　互检

检查项目	结果
车辆停放位置是否合适，是否将变速器置于空挡并拉紧驻车制动器	是 □　否 □
是否使用三件套对车辆进行防护	是 □　否 □
使用举升机是否按规范操作，是否注意人身安全	是 □　否 □
取下配件的摆放是否规范（例如是否放在配件车内等）	是 □　否 □
换挡杆定位工具使用方法是否正确	是 □　否 □
各螺栓是否按照规定力矩拧紧	是 □　否 □

七、课堂小结

情境三

变速器检修

任务五　变速器 5 挡齿轮拆装检查

变速器 5 挡齿轮拆装检查任务工单				
客户信息	姓名		职业	
车辆信息	车型	VIN 码	行驶里程	

客户描述				
	倒挡行驶异响 □	踩下离合器异响 □	挂挡时产生异响 □	变速器油液泄漏 □
	离合器打滑 □	变速器挂挡困难 □	变速器掉挡 □	主减速器异响 □
	差速器异响 □	变速器乱挡 □	半轴故障 □	离合器踏板行程过长 □
	其　他：			

车辆外观检查		车辆内部检查	
凹凸 □	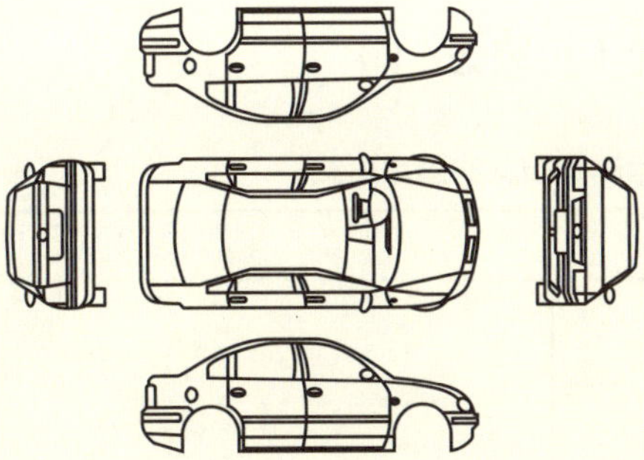	污渍 □	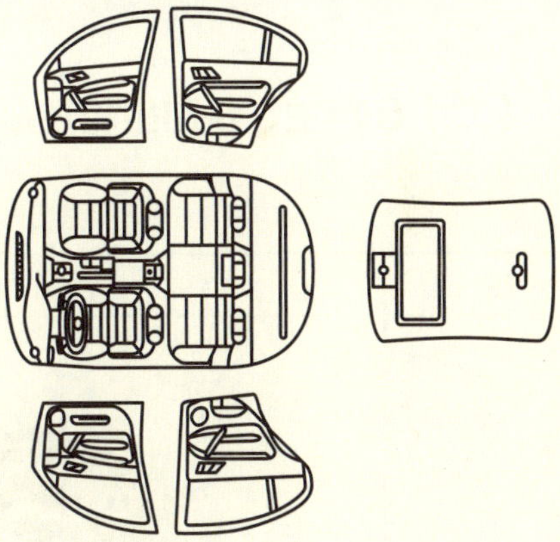
划痕 □		破损 □	
石击 □		色斑 □	
油漆 □		变形 □	

明确具体工作任务	

任务目标

- 能够对变速器 5 挡齿轮进行拆装检查
- 能够与客户沟通，解决客户的疑问

任务内容

- 5 挡齿轮的定义及安装位置
- 5 挡齿轮和拨叉的固定形式
- 5 挡传递路线
- 变速器 5 挡齿轮异响的原因
- 5 挡齿轮的拆装和检查方法

续表

任务重点	● 变速器5挡齿轮的拆装和检查
任务难点	● 变速器5挡齿轮的检查

一、知识讲解

(一) 5挡齿轮的定义及安装位置

5挡齿轮是在变速器5挡动力传递路线中起到动力传递作用的齿轮组。变速器5挡齿轮安装在变速器后方的壳体盖内部，如图5-1所示。

图5-1　5挡齿轮安装位置

(二) 5挡主、从动齿轮及拨叉的固定形式（见表5-1）

表5-1　5挡主、从动齿轮及拨叉的固定形式

序号	图示	说明
1		5挡主动齿轮与同步器总成通过花键安装在输入轴上，并用M17的固定螺栓进行固定
2		5挡拨叉通过螺纹固定在5挡拨叉轴的连接管上，并使用锁紧块锁紧

续表

序号	图示	说明
3		5 挡从动齿轮通过弹性挡圈轴向固定在输出轴上

（三）5 挡传递路线

5 挡传递路线如图 5–2 所示。

图 5–2　5 挡传递路线

（四）变速器 5 挡齿轮异响的原因

变速器齿轮传动系统主要通过变速器中的输入轴和输出轴上大小不一的齿轮啮合来实现变速器的变速传动。若输入轴上的齿轮为小齿轮，则对应的输出轴上的齿轮为大齿轮，小齿轮带动大齿轮传动为减速传动，如图 5–3a 所示；若输入轴上的齿轮为大齿轮，则对应的输出轴上的齿轮为小齿轮，大齿轮带动小齿轮传动为增速传动，如图 5–3b 所示。所以变速器输入轴上的齿轮越大，挡位就会越高；反之，输出轴上的齿轮越小，挡位就越高。

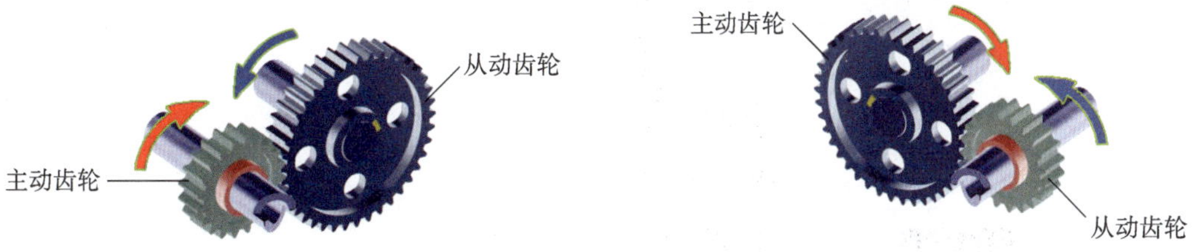

a）减速传动　　b）增速传动

图 5–3　减速传动和增速传动

齿轮是指轮缘上有齿，且能连续啮合传递运动和动力的机械元件。汽车变速器上应用比较多的齿轮有直齿圆柱齿轮、斜齿圆柱齿轮和圆锥齿轮等，如图 5–4 所示。

a）直齿圆柱齿轮　　b）斜齿圆柱齿轮　　c）圆锥齿轮

图 5-4　汽车变速器上常用的齿轮

斜齿圆柱齿轮具备传动转矩大、启动平稳、传动比分级精细等特点，所以各挡位主、从动齿轮多采用斜齿圆柱齿轮。5 挡主、从动齿轮就是一对大小不一的长啮合斜齿圆柱齿轮，主动齿轮安装在主动轴上，从动齿轮安装在从动轴上，工作时主动齿轮带动从动齿轮共同转动，齿面之间相互啮合，当齿轮出现断齿或表面不光滑时，就会产生传动不平稳或摩擦异响。因此，如发现 5 挡行驶时变速器存在异响，则需要对 5 挡齿轮进行拆检，确定其是否磨损或需要更换。

（五）5 挡齿轮拆卸方法（见表 5-2）

表 5-2　5 挡齿轮拆卸方法

步骤	图示	说明
1		拆卸变速器壳体盖
2		使用专用套筒扳手拆卸 5 挡主动齿轮与同步器总成组件中间的固定螺栓
3		使用专用工具脱开 5 挡拨叉与拨叉轴的螺纹连接
4	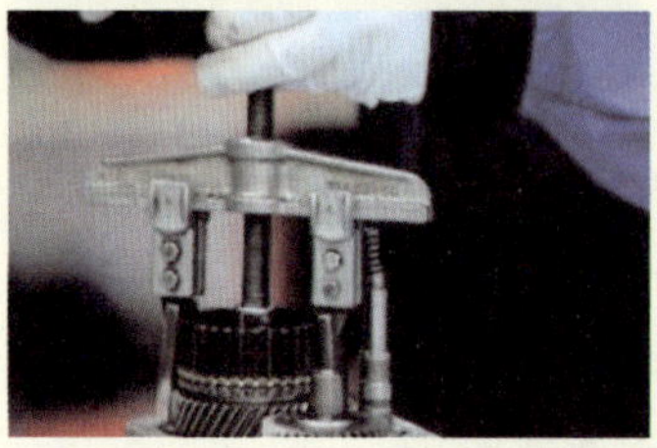	使用 5 挡齿轮拆卸专用工具拆卸 5 挡主动齿轮与同步器总成和拨叉

续表

步骤	图示	说明
5		使用卡簧钳拆卸5挡从动齿轮的弹性挡圈，并取下5挡从动齿轮

（六）5挡齿轮检查方法

5挡齿轮的检查主要分为齿面检查、轴承检查和花键检查。图5-5所示为5挡齿轮的齿面检查和花键检查。检查轴承的保持架有无断裂、变形，滚子有无缺失，滚子表面有无斑点等，必要时可更换轴承。

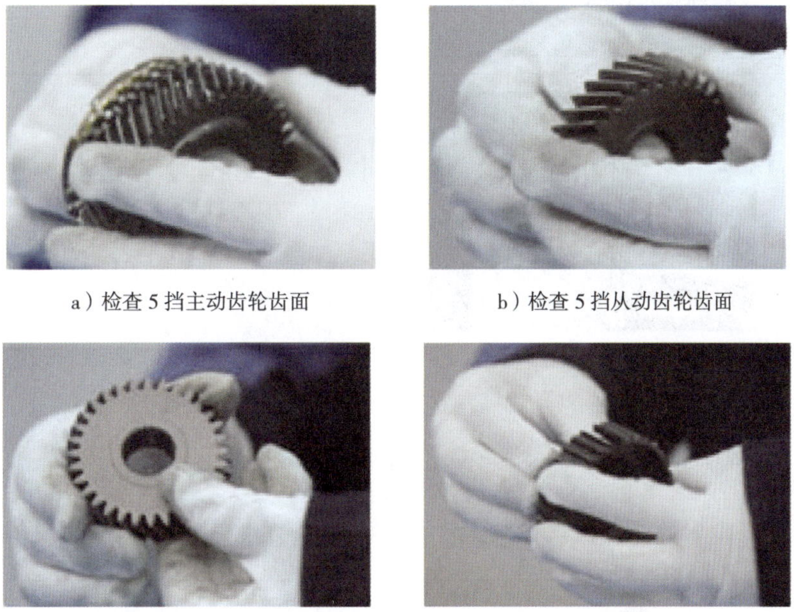

a）检查5挡主动齿轮齿面　b）检查5挡从动齿轮齿面

c）检查5挡齿轮内花键　d）检查5挡齿轮花键毂

图5-5　5挡齿轮的齿面检查和花键检查

（七）5挡齿轮安装方法（见表5-3）

表5-3　5挡齿轮安装方法

步骤	图示	说明
1	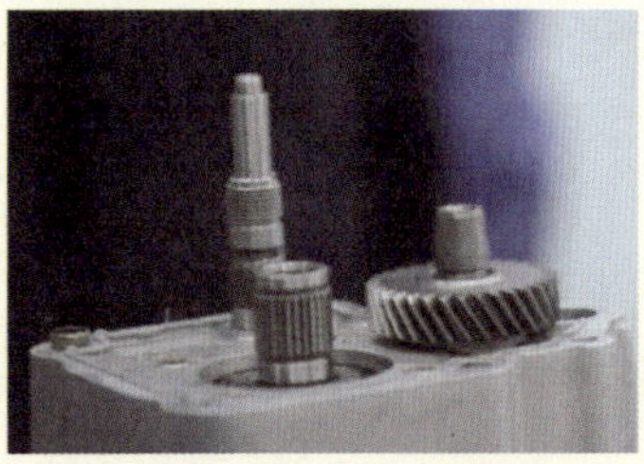	安装5挡从动齿轮和调整垫圈，并用弹性挡圈固定

续表

步骤	图示	说明
2		将5挡主动齿轮与同步器总成和5挡拨叉共同安装，并使用压床压入5挡主动齿轮与同步器总成
3		拧紧5挡主动齿轮与同步器总成固定螺栓并调整5挡拨叉位置
4	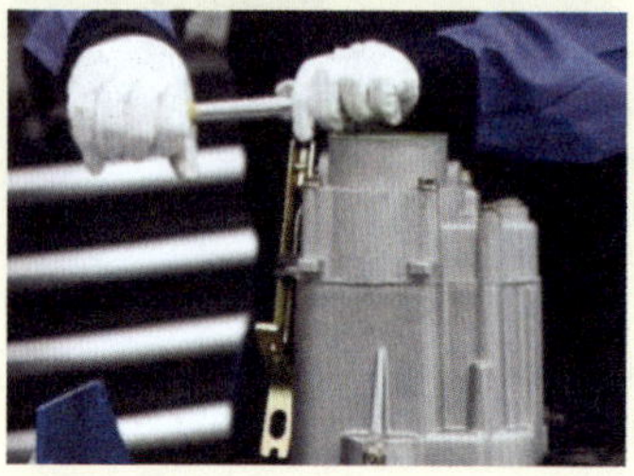	安装变速器壳体盖

二、任务准备

勾选出完成本任务所需的工具、设备、资料等。

			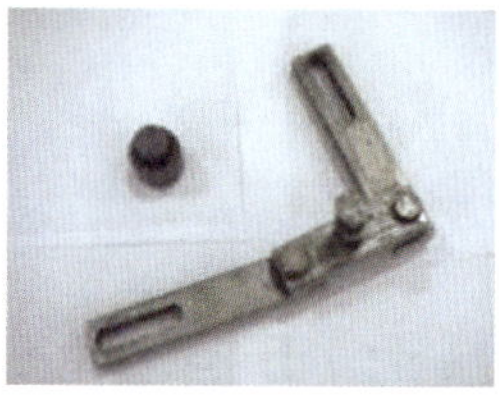
工具车	铜棒	游标卡尺	输入轴固定工具
			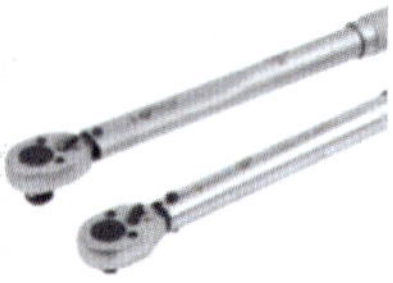
塞尺	橡胶锤	直尺	扭力扳手

	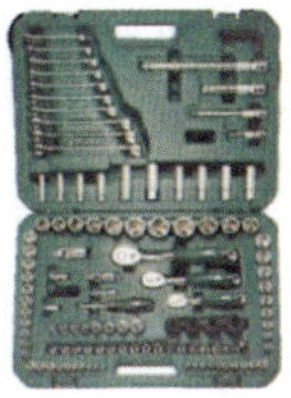	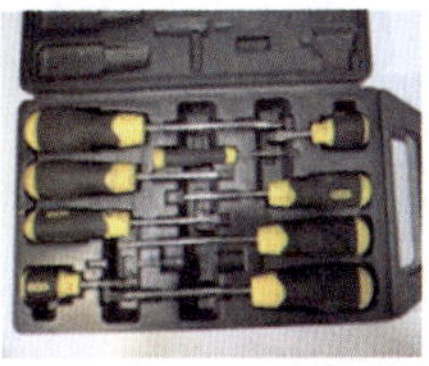	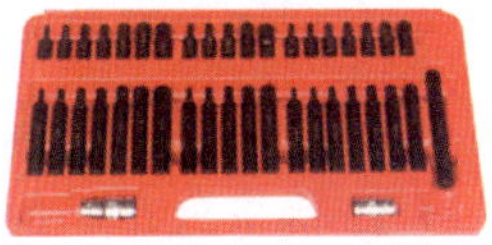
尖嘴钳	常用工具套装	旋具套装	40 件星批组件

工作台	台虎钳	抹布	卡簧钳
	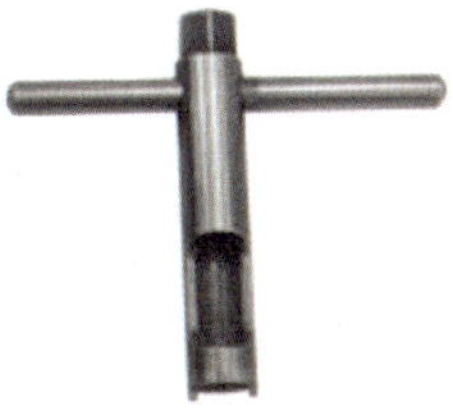	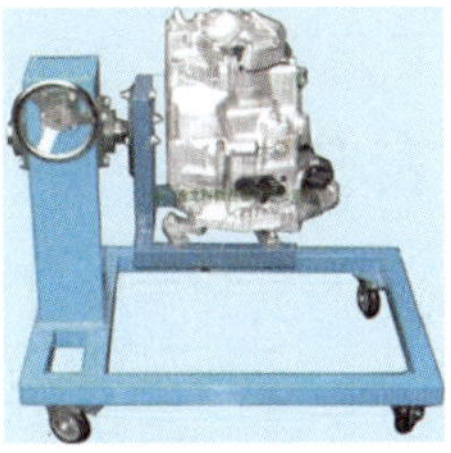	
5 挡齿轮拆卸专用工具	拨叉拆卸专用工具	变速器翻转架	维修手册

5 挡齿轮			

三、防护措施

（一）个人安全防护

1. 维修人员必须身穿工作服、戴工作帽、穿工作鞋，工作服纽扣、拉链及皮带扣应藏于衣服内侧，扎紧袖口、领口、裤脚，佩戴手套。女生长发要盘起放在工作帽内。

2. 维修人员在进入车间前应摘掉手表、戒指、项链、耳环等金属饰品。

3. 维修人员在进行车辆维修操作时，应防止车轮压伤脚部、车门夹伤手部、热的发动机烫伤手部、发动机传动带绞伤手部。

4. 在搬运重物及尖锐器物时应注意动作姿势，防止扭伤腰部、砸伤脚部或划伤手部。

（二）车辆 / 台架等设备的安全防护

1. 车辆进入车间内，应停放至指定地点，熄灭发动机，将变速器置于空挡位置，并拉紧驻车制动器。台架应将滑轮锁死或用木块固定。

2. 维修操作前应铺设三件套及翼子板布，发动机启动前应确保其他维修人员远离车辆，并连接尾气排放设备。

3. 操作电气设备时应注意用电安全，作业结束后应及时切断一切用电设备的电源。

4. 操作前应熟读维修手册中的操作标准和台架、仪器、设备使用标准，并做好日常维护工作。

（三）车间场地的安全防护

1. 车间应配有灭火器及相应消防设施，易燃油品应存放在密封的金属罐中。

2. 车间内的工具、零部件、设备、车辆等应有序摆放。

3. 车间内设备和车辆周围的人行道和工作区域必须保证足够的安全空间。

4. 操作过程中应做到油品、工具、配件三不落地，作业完毕后应及时清理车间工作场地，做到现场 5S 管理。

四、任务分配（见表 5-4）

表 5-4　任务分配表

职务	代码	姓名	工作内容
组长	A		监督、管理组员工作
组员	B		准备实训所需变速器及零部件
	C		
	D		准备实训所需工具及维修手册等
	E		
	F		

五、任务实施

（一）操作步骤

1. 拆卸 5 挡齿轮（见表 5-5）

表 5-5　拆卸 5 挡齿轮

步骤	项目	顺序	工作内容
1	固定变速器及输入轴	1	将变速器固定到变速器翻转架（VW309）上，将变速器置于空挡位置，并从输入轴中间拉出离合器压杆
		2	安装输入轴轴向固定工具（VW295a 和 30-211A）

续表

步骤	项目	顺序	工作内容
2	拆卸壳体盖	1	使用 13 mm 套筒拆卸变速器壳体盖的六个螺栓
		2	使用橡胶锤敲击变速器壳体盖并将其拆卸下来
		3	取下离合器分离轴承，取下换挡拉杆顶部压力弹簧
		4	使用 24 mm 套筒拆卸选挡换挡轴止动螺母
		5	使用 27 mm 内六方扳手拆下选挡换挡轴挡盖（要注意内部压力弹簧弹出），取出选挡换挡轴总成
3	拆卸 5 挡主动齿轮与同步器总成	1	向下压动 5 挡拨叉，挂入 5 挡，使用一字旋具从选挡换挡轴位置向下拨动倒挡拨叉，挂入倒挡，将输入轴锁住
		2	使用 M12 套筒扳手拆下 5 挡主动齿轮与同步器总成的紧固螺栓，取下垫片
		3	上抬 5 挡拨叉，取下 5 挡及倒挡
		4	使用一字旋具撬下连接管止动垫圈，用专用工具（3059）逆时针转动连接管，将其与换挡拨叉脱离
		5	将 5 挡主动齿轮与同步器总成、拨叉一同取下
4	拆卸 5 挡从动齿轮	1	使用卡簧钳拆下 5 挡从动齿轮的弹性挡圈
		2	使用 5 挡齿轮拆卸专用工具拉出 5 挡从动齿轮

2. 安装 5 挡齿轮（见表 5-6）

表 5-6 安装 5 挡齿轮

步骤	项目	顺序	工作内容
1	安装 5 挡从动齿轮	1	在输出轴上安装 5 挡从动齿轮
		2	使用卡簧钳安装弹性挡圈
2	安装 5 挡主动齿轮与同步器总成	1	将 5 挡同步器齿轮、同步器锁环、花键毂组装好，在花键毂底部安装止推垫片，外圆周倒角朝向向心球轴承方向；同步器花键毂凹槽与同步器锁环缺口对齐，以方便安装滑块，滑块上涂抹凡士林，便于滑块在花键毂凹槽上固定；接合套内三个凹槽分别对准三个滑块安装；将滑块弹簧定位端卡在其中一个滑块内，并使弹簧卡在其他两个滑块上
		2	将 5 挡主动齿轮与同步器总成、拨叉、止动垫圈一同安装，拨叉、止动垫圈安装在拨叉轴上，5 挡主动齿轮与同步器总成安装在输入轴上，并用橡胶锤敲击到位
		3	使用专用工具（3059）将拨叉与连接管安装在一起
		4	向下压动 5 挡拨叉，挂入 5 挡，使用一字旋具从选挡换挡轴位置向下拨动倒挡拨叉，挂入倒挡，将输入轴锁住
		5	在 5 挡主动齿轮与同步器总成上安装垫片及固定螺栓，使用 M12 套筒扳手紧固至 150 N · m，摘下 5 挡及倒挡
3	调整拨叉	1	用游标卡尺测量并调整连接管高度为 5 mm，然后装好止动垫圈
		2	挂上 5 挡，测量 5 挡接合套与同步器齿轮的啮合距离应为 1 mm

续表

步骤	项目	顺序	工作内容
4	安装壳体盖	1	使用旋具将所有拨叉的安装槽对齐，装入选挡换挡轴、压力弹簧及挡盖，使用 27 mm 内六方扳手紧固挡盖至 50 N·m
		2	在止动螺母上涂抹螺纹胶，并使用 24 mm 套筒安装止动螺母
		3	在壳体盖上安装离合器分离轴承，安装换挡拉杆顶部压力弹簧
		4	在变速器中壳接合端面上均匀涂抹密封胶
		5	安装变速器壳体盖以及变速器壳体盖的六个螺栓，并使用 13 mm 套筒紧固至 25 N·m
5	整理现场	1	整理工具
		2	打扫现场卫生

（二）实施记录

结合实施过程，补齐检查项目内容并进行检查，记录实际的检查结果（见表 5–7）。

表 5–7　实施记录

序号	项目	检查结果	备注
1		正常 □　裂纹 □　断齿 □　磨损 □　点蚀 □	
2	检查 5 挡同步器齿轮		
3	检查 5 挡同步器锁环	正常 □　裂纹 □　断齿 □　磨损 □　点蚀 □	
4		测量间隙值为________ mm	标准间隙值 1.3 ~ 1.9 mm
5	检查各轴承的运转情况	正常 □　卡滞 □	

六、检查

（一）自检

结合本组任务操作过程，对任务执行过程中的操作规范性进行检查，检查操作过程中是否存在以下问题，分析讨论应如何避免并总结规范的操作方法（见表 5–8）。

表 5–8　自检

检查项目	结果
变速器安装到翻转架上是否牢固	是 □　否 □
输入轴轴向固定工具安装是否正确	是 □　否 □
拨叉拆卸专用工具使用是否正确	是 □　否 □
5 挡齿轮拆卸专用工具使用是否正确	是 □　否 □
5 挡齿轮输入轴锁紧螺栓安装力矩是否正确	是 □　否 □
5 挡接合套与同步器齿轮的啮合距离调整是否正确	是 □　否 □

（二）互检

组与组之间相互进行任务操作过程及结果检查，并把检查结果填写在表 5-9 中。

表 5-9 互检

检查项目	结果
变速器安装到翻转架上是否牢固	是 □ 否 □
输入轴轴向固定工具安装是否正确	是 □ 否 □
拨叉拆卸专用工具使用是否正确	是 □ 否 □
5 挡齿轮拆卸专用工具使用是否正确	是 □ 否 □
5 挡齿轮输入轴锁紧螺栓安装力矩是否正确	是 □ 否 □
5 挡接合套与同步器齿轮的啮合距离调整是否正确	是 □ 否 □

七、课堂小结

任务六　变速器壳体拆装检查

变速器壳体拆装检查任务工单					
客户信息	姓名		职业		
车辆信息	车型	VIN 码		行驶里程	

客户描述	
	倒挡行驶异响 □　踩下离合器异响 □　挂挡时产生异响 □　变速器油液泄漏 □
	离合器打滑 □　变速器挂挡困难 □　变速器掉挡 □　主减速器异响 □
	差速器异响 □　变速器乱挡 □　半轴故障 □　离合器踏板行程过长 □
	其　他：

车辆外观检查		车辆内部检查	
凹凸 □	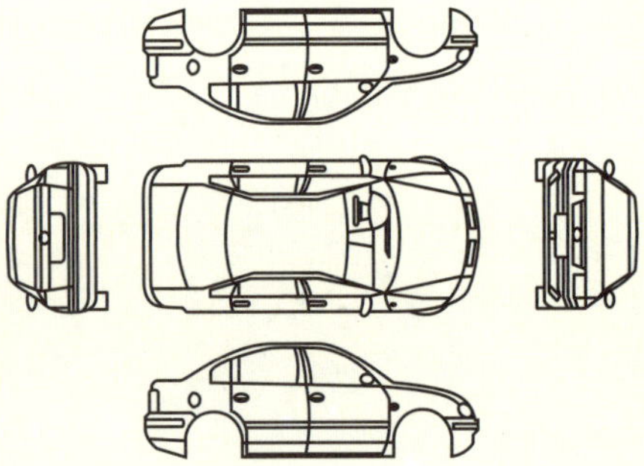	污渍 □	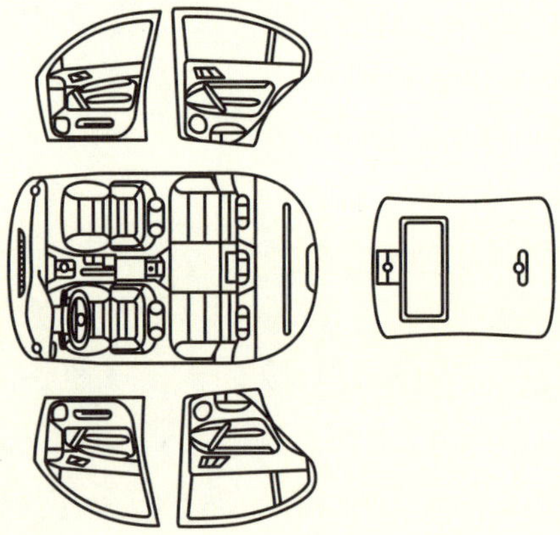
划痕 □		破损 □	
石击 □		色斑 □	
油漆 □		变形 □	

明确具体工作任务	

任务目标

- 能够对变速器壳体进行更换
- 掌握拆装不同类型变速器壳体的方法
- 能够解答客户提出的关于变速器壳体损坏原因和保护壳体重要性的问题

任务内容

- 变速器壳体的组成及作用
- 变速器壳体的拆装方法及安装注意事项

续表

任务重点	● 变速器壳体的作用 ● 变速器壳体的拆卸及安装方法
任务难点	● 专用工具的使用方法 ● 特殊部位的安装技巧

一、知识讲解

（一）变速器壳体的组成及作用

变速器壳体是用于安装变速器传动机构及其附件的壳体结构，变速器壳体分为三部分，如图 6-1 所示。

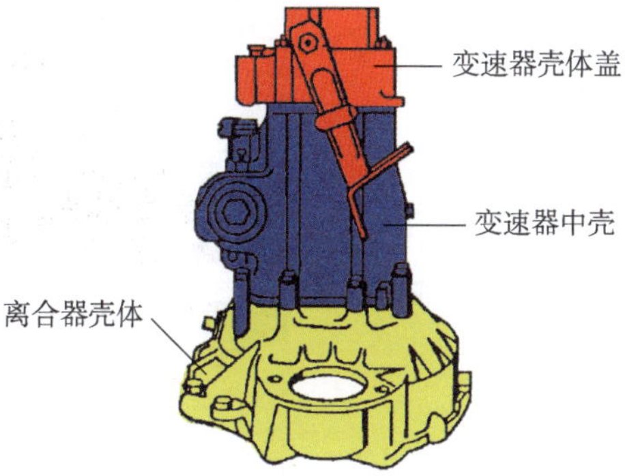

图 6-1　变速器壳体的组成

为了减少内摩擦引起的零件磨损及功率损耗，需在壳体内注入润滑油，采用飞溅润滑方式润滑各齿轮副、轴与轴承等零件的工作表面。因此，壳体一侧有润滑油加注孔，底部有放油塞，油面高度由加注孔位置控制。为防止润滑油从第一轴与轴承盖之间的间隙流入离合器而影响其摩擦性能，在轴承盖内安装油封总成，轴承盖内孔中有回油槽，可以防止漏油。为防止润滑油从第二轴后端流出，在变速器后轴承盖内装有油封总成。在各轴承盖、变速器壳体盖、离合器壳体与变速器中壳的接合面处都装有密封垫片，并涂抹密封胶，以防止漏油。为防止变速器工作时由于油温、压力升高而造成润滑油渗漏现象，在变速器壳体及变速器后轴承盖上装有通气塞。

根据变速器结构形式的不同，变速器壳体分为三轴式变速器壳体和两轴式变速器壳体，如图 6-2 所示。

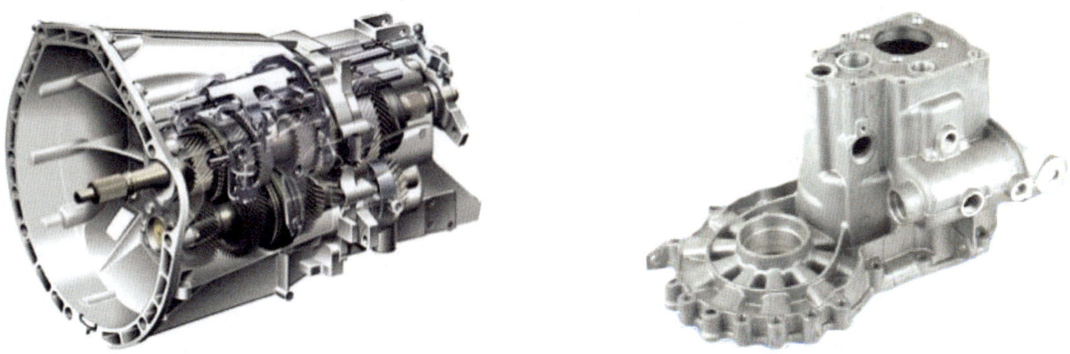

a）三轴式变速器壳体　　b）两轴式变速器壳体

图 6-2　变速器壳体分类

变速器壳体的主要作用是对变速器内部的齿轮及轴进行定位、密封并储存变速器齿轮油。因此，一旦变速器壳体出现损伤造成油液泄漏，就会导致变速器运转过程中内部齿轮润滑不良，严重损坏变速器内部元件，所以需要对变速器壳体进行更换。

（二）变速器壳体的拆卸方法（见表 6-1）

表 6-1　变速器壳体的拆卸方法

步骤	图示	说明
1		拆卸变速器壳体盖
2	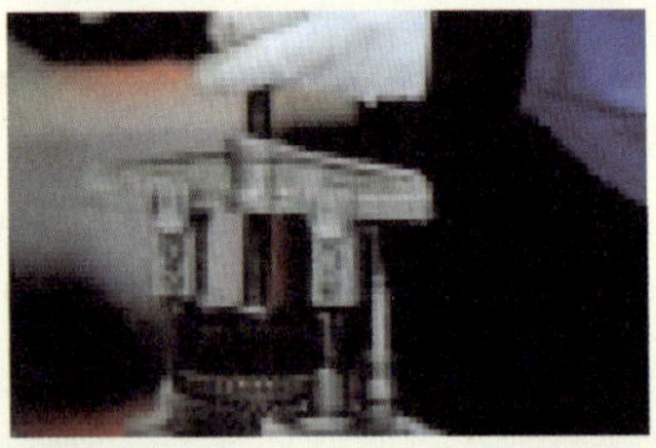	拆卸 5 挡齿轮
3	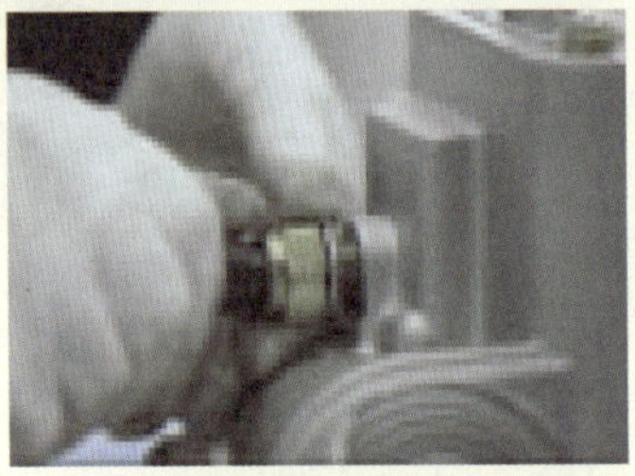	拆卸倒挡开关
4		拆卸选挡换挡轴
5		使用半轴驱动法兰拆卸专用工具拆卸半轴驱动法兰
6	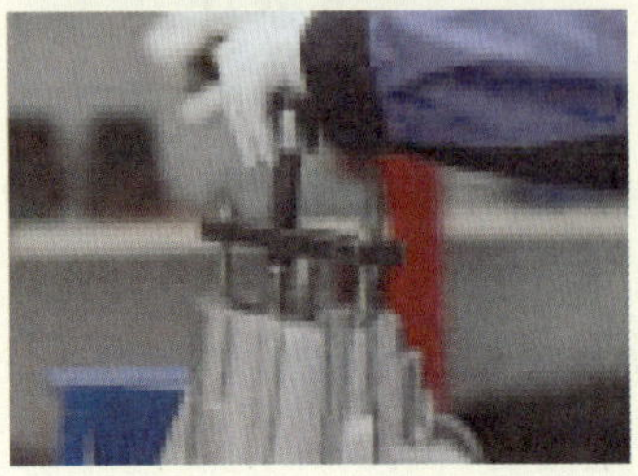	拆卸中壳固定螺栓和倒挡轴固定螺栓，并使用变速器壳体拆卸专用工具取下变速器中壳

（三）变速器壳体的安装方法（见表 6-2）

表 6-2 变速器壳体的安装方法

步骤	图示	说明
1		安装新的变速器中壳，并将其与变速器固定，拧回倒挡轴固定螺栓
2		安装选挡换挡轴
3		安装倒挡开关
4		安装 5 挡齿轮与拨叉，并使用专用工具调整拨叉位置
5		安装变速器壳体盖并紧固其固定螺栓
6	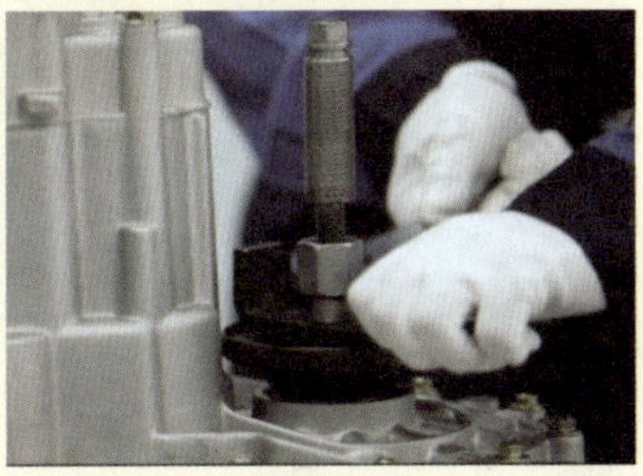	使用半轴驱动法兰安装专用工具安装半轴驱动法兰

（四）变速器壳体的安装注意事项

在安装变速器壳体过程中必须保证壳体之间的密封，如图 6-3 所示，以防止油液渗漏，同时还需要保证变速器内部的清洁。

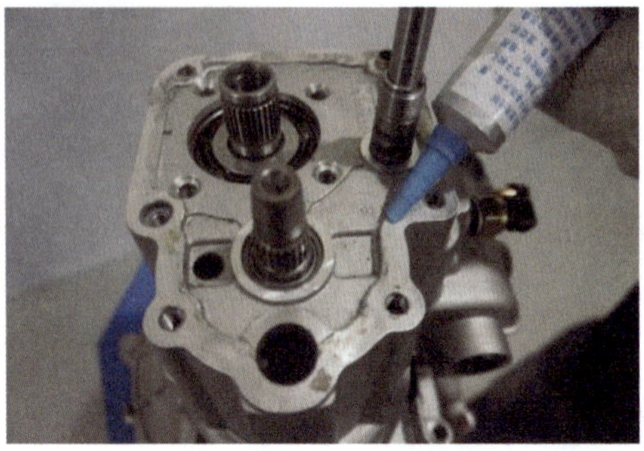

图 6-3　变速器壳体涂抹密封胶

二、任务准备

勾选出完成本任务所需的工具、设备、资料等。

	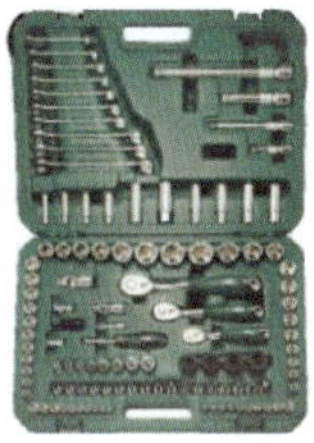		
工具车	常用工具套装	工作台	变速器壳体拆卸专用工具
		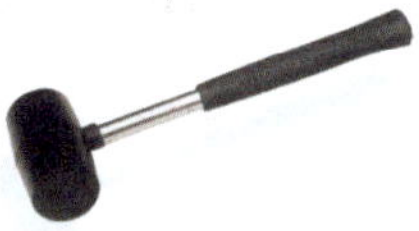	
塞尺	抹布	橡胶锤	台虎钳
	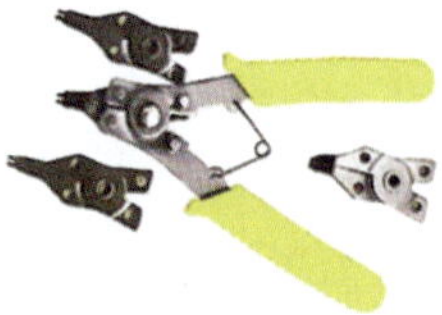		
扭力扳手	卡簧钳	选挡换挡轴挡盖拆卸专用工具	半轴驱动法兰安装专用工具

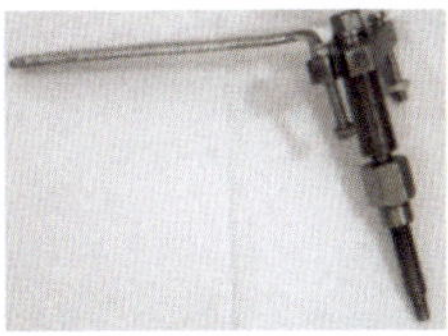			
半轴驱动法兰拆卸专用工具	5 挡齿轮拆卸专用工具	带磁力表座的百分表	维修手册

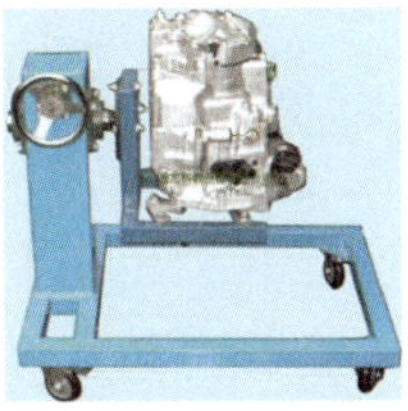		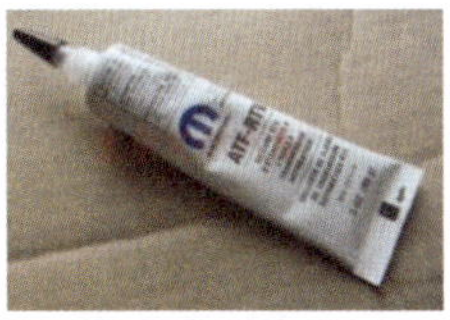
变速器翻转架	变速器中壳	密封胶

三、防护措施

（一）个人安全防护

1. 维修人员必须身穿工作服、戴工作帽、穿工作鞋，工作服纽扣、拉链及皮带扣应藏于衣服内侧，扎紧袖口、领口、裤脚，佩戴手套。女生长发要盘起放在工作帽内。

2. 维修人员在进入车间前应摘掉手表、戒指、项链、耳环等金属饰品。

3. 维修人员在进行车辆维修操作时，应防止车轮压伤脚部、车门夹伤手部、热的发动机烫伤手部、发动机传动带绞伤手部。

4. 在搬运重物及尖锐器物时应注意动作姿势，防止扭伤腰部、砸伤脚部或划伤手部。

（二）车辆 / 台架等设备的安全防护

1. 车辆进入车间内，应停放至指定地点，熄灭发动机，将变速器置于空挡位置，并拉紧驻车制动器。台架应将滑轮锁死或用木块固定。

2. 维修操作前应铺设三件套及翼子板布，发动机启动前应确保其他维修人员远离车辆，并连接尾气排放设备。

3. 操作电气设备时应注意用电安全，作业结束后应及时切断一切用电设备的电源。

4. 操作前应熟读维修手册中的操作标准和台架、仪器、设备使用标准，并做好日常维护工作。

（三）车间场地的安全防护

1. 车间应配有灭火器及相应消防设施，易燃油品应存放在密封的金属罐中。

2. 车间内的工具、零部件、设备、车辆等应有序摆放。

3. 车间内设备和车辆周围的人行道和工作区域必须保证足够的安全空间。

4. 操作过程中应做到油品、工具、配件三不落地，作业完毕后应及时清理车间工作场地，做到现场5S管理。

四、任务分配（见表6-3）

表6-3　任务分配表

职务	代码	姓名	工作内容
组长	A		监督、管理组员工作
组员	B		准备实训所需变速器及零部件
	C		
	D		准备实训所需工具及维修手册等
	E		
	F		

五、任务实施

（一）操作步骤

1. 拆卸变速器壳体

拆卸变速器壳体并完成表6-4的填写。

表6-4　拆卸变速器壳体

步骤	项目	顺序	工作内容
1	拆卸外部配件	1	使用8 mm内六方扳手拆卸车速传感器固定螺栓，并取下车速传感器
		2	
		3	
2	拆卸选挡换挡轴	1	使用24 mm套筒拆卸选挡换挡轴止动螺栓
		2	
3	拆卸半轴驱动法兰	1	使用一字旋具拆卸半轴驱动法兰端盖
		2	
		3	
		4	
4	拆卸变速器中壳	1	
		2	使用13 mm梅花扳手拆卸选挡换挡轴下方两个固定螺栓

2. 检查与清理变速器壳体（见表 6-5）

表 6-5 检查与清理变速器壳体

步骤	工作内容
1	检查变速器壳体是否出现裂纹、变形、磕碰等问题
2	检查变速器壳体固定螺栓是否变形、断裂
3	检查变速器壳体轴承孔和螺纹孔是否有磨损
4	清理变速器壳体内部铁屑，清理接合面残余密封胶

3. 安装变速器壳体

安装变速器壳体并完成表 6-6 的填写。

表 6-6 安装变速器壳体

步骤	项目	顺序	工作内容
1	安装变速器中壳	1	在变速器底座接合面上均匀涂抹密封胶
		2	
		3	
		4	
2	安装选挡换挡轴	1	安装选挡换挡轴，使所有拨叉的安装槽对齐
		2	
		3	
3	安装半轴驱动法兰	1	
		2	
		3	
		4	另外一侧安装方法相同，两半轴驱动法兰不可互换
4	安装外部配件	1	
		2	
		3	
5	整理		整理工具，打扫现场卫生

（二）实施记录

结合实施过程，对照表 6-7 所列检查项目进行检查，并记录实际的检查结果。

表 6-7 实施记录

序号	项目	检查结果	备注
1	检查变速器壳体		
2	清理变速器壳体		

续表

序号	项目	检查结果	备注
3	检查变速器壳体紧固螺栓安装力矩		是否按规定拧紧： 是 □ 否 □
4	检查选挡换挡轴挡盖安装力矩		是否按规定拧紧： 是 □ 否 □

六、检查

（一）自检

结合本组任务操作过程，对任务执行过程中的操作规范性进行检查，检查操作过程中是否存在以下问题，分析讨论应如何避免并总结规范的操作方法（见表 6–8）。

表 6–8 自检

检查项目	结果
拆卸变速器中壳前是否已将车速传感器、倒挡开关、倒挡轴固定螺栓拆卸下来	是 □ 否 □
半轴驱动法兰拆卸专用工具使用是否正确	是 □ 否 □
5 挡齿轮拆卸专用工具使用是否正确	是 □ 否 □
变速器壳体拆卸专用工具使用是否正确	是 □ 否 □
安装壳体前是否将壳体清理干净	是 □ 否 □
安装过程中变速器壳体接合面是否进行了涂胶密封	是 □ 否 □
拨叉轴及拨叉安装顺序是否正确	是 □ 否 □
选挡换挡轴安装方法是否正确	是 □ 否 □
两半轴驱动法兰是否错装	是 □ 否 □
半轴驱动法兰安装专用工具使用是否正确	是 □ 否 □

（二）互检

组与组之间相互进行任务操作过程及结果检查，并把检查结果填写在表 6–9 中。

表 6–9 互检

检查项目	结果
拆卸变速器中壳前是否已将车速传感器、倒挡开关、倒挡轴固定螺栓拆卸下来	是 □ 否 □
半轴驱动法兰拆卸专用工具使用是否正确	是 □ 否 □
5 挡齿轮拆卸专用工具使用是否正确	是 □ 否 □
变速器壳体拆卸专用工具使用是否正确	是 □ 否 □
安装壳体前是否将壳体清理干净	是 □ 否 □
安装过程中变速器壳体接合面是否进行了涂胶密封	是 □ 否 □

续表

检查项目	结果
拨叉轴及拨叉安装顺序是否正确	是□ 否□
选挡换挡轴安装方法是否正确	是□ 否□
两半轴驱动法兰是否错装	是□ 否□
半轴驱动法兰安装专用工具使用是否正确	是□ 否□

七、课堂小结

任务七　变速器内部换挡操纵机构拆装检查

变速器内部换挡操纵机构拆装检查任务工单					
客户信息	姓名		职业		
车辆信息	车型	VIN 码		行驶里程	
客户描述	倒挡行驶异响 □ 离合器打滑 □ 差速器异响 □	踩下离合器异响 □ 变速器挂挡困难 □ 变速器乱挡 □	挂挡时产生异响 □ 变速器掉挡 □ 半轴故障 □	变速器油液泄漏 □ 主减速器异响 □ 离合器踏板行程过长 □	
	其　他：				

车辆外观检查		车辆内部检查	
凹凸 □	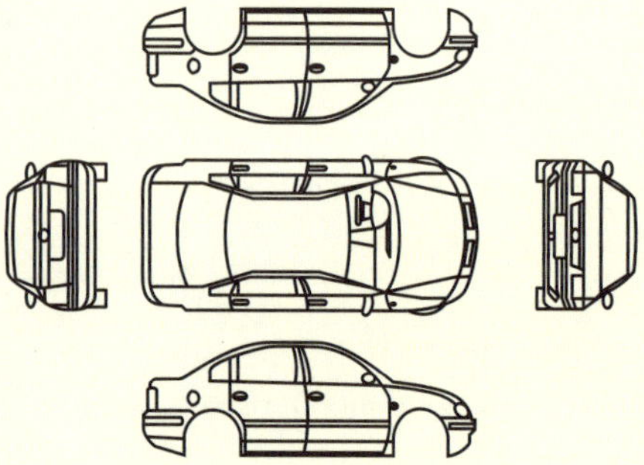	污渍 □	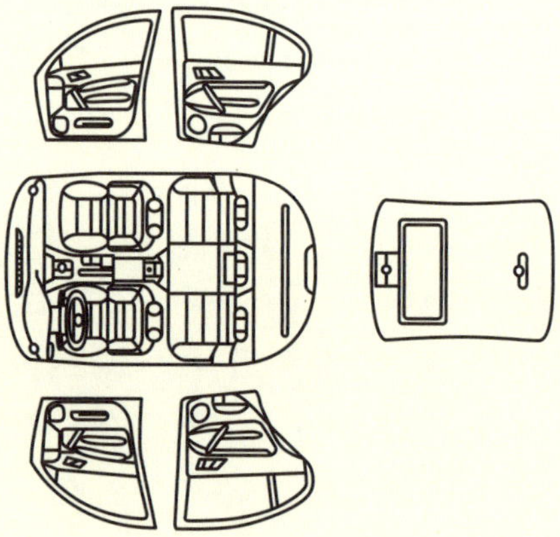
划痕 □		破损 □	
石击 □		色斑 □	
油漆 □		变形 □	

明确具体工作任务	

任务目标

- 能够对变速器内部换挡操纵机构进行拆装与检查
- 掌握拆装与检查不同类型变速器内部换挡操纵机构的方法
- 能够解答客户提出的关于变速器挡位错乱的疑问

任务内容

- 变速器内部换挡操纵机构的安装位置、作用及组成
- 变速器内部换挡操纵机构的工作原理
- 变速器内部换挡操纵机构的检查内容与方法

续表

任务重点	● 变速器内部换挡操纵机构的拆装步骤 ● 变速器内部换挡操纵机构的工作原理
任务难点	● 变速器内部换挡操纵机构的检查方法

一、知识讲解

（一）变速器内部换挡操纵机构的安装位置、作用及组成

变速器内部换挡操纵机构位于变速器内部，可以通过操纵拨叉推动齿轮传动系统上的接合套，进行挡位切换，使变速器能够挂入或退出某个挡位。变速器内部换挡操纵机构由拨叉、拨叉轴和选挡换挡轴等组成，如图 7-1 所示。

a）拨叉　　b）拨叉轴　　c）选挡换挡轴

图 7-1　组成变速器内部换挡操纵机构的零部件

（二）变速器内部换挡操纵机构的工作原理

整个换挡过程主要经历两个阶段：第一个阶段是从“选挡换挡轴受外部连杆机构作用”到“同步器接合套推动同步器滑块”，这一过程的作用力与输入轴转速无关，所以称为静态换挡阶段；第二个阶段是从“同步器锁环受滑块的推力在齿轮的锥面上形成摩擦力矩”到“同步器接合套滑入齿轮接合齿”，这一过程的作用力与输入轴的转速有关，所以称为动态同步阶段。

变速器内部换挡操纵机构在满足变速器挂入或退出某个挡位的同时还应具备自锁、互锁及倒挡锁功能，各功能的具体含义见表 7-1。

表 7-1　自锁、互锁及倒挡锁功能

功能	自锁	互锁	倒挡锁
含义	能保证变速器在挂入某个挡位后，不会自动脱挡，即在不受外力作用下，不会自主退出某个挡位	可以保证变速器不会同时挂入两个挡位，致使变速器产生运动干涉而出现机械损伤	能保证变速器在前进方向行驶时不会因误操作而使齿轮传动机构挂入倒挡

一旦这些功能缺失或受限，则可能对变速器机械部件造成致命伤害，所以为了保证变速器工作的可靠性，必须在发现变速器挡位切换功能存在问题后对变速器内部换挡操纵机构相应功能进行检查。

（三）变速器内部换挡操纵机构的检查内容及方法

1. 检查选挡换挡轴止动螺栓螺纹有无损伤，自锁钢球磨损和弹簧弹力大小。若不符合要求，则更换止动螺栓。

2. 检查各个换挡拨叉有无变形，拨叉与接合套之间的间隙是否合格（此间隙应介于 1 ~ 1.5 mm），拨叉轴是否弯曲。若不合格，则更换相应配件。

检查拨叉与接合套之间间隙的方法有以下两种：

（1）用游标卡尺分别测量换挡拨叉的厚度和同步器接合套槽的宽度，其差值就是拨叉与接合套的配合间隙，如图 7–2 所示。

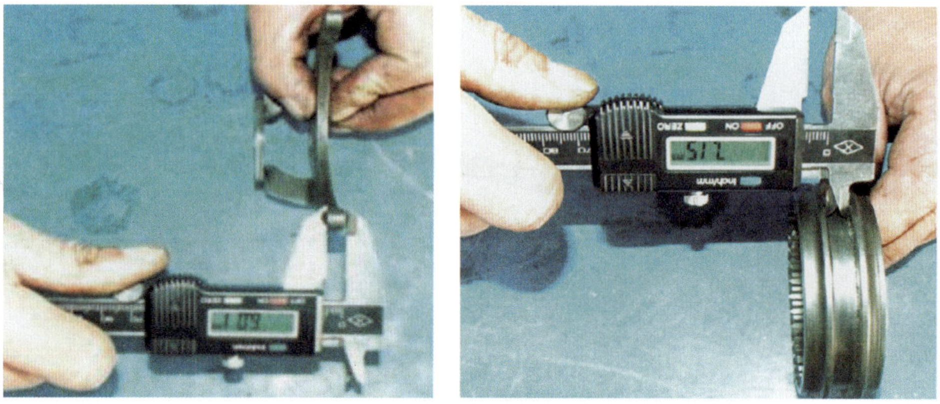

图 7–2　游标卡尺测量间隙

（2）将换挡拨叉安装到同步器接合套内，用塞尺测量拨叉与接合套的配合间隙，如超出规定值应更换拨叉或同步器。

二、任务准备

勾选出完成本任务所需的工具、设备、资料等。

	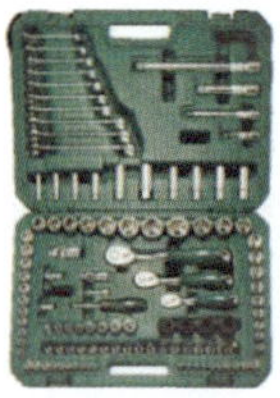		
工具车	常用工具套装	工作台	橡胶锤

塞尺	抹布	变速器壳体拆卸专用工具	半轴驱动法兰安装专用工具
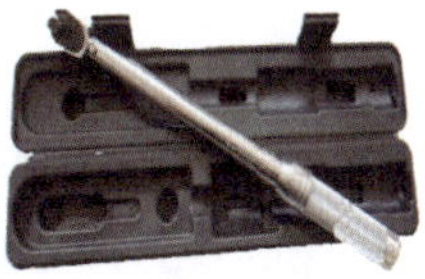		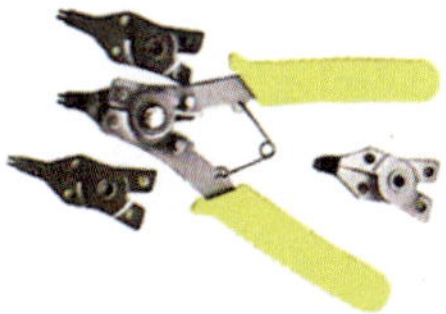	
扭力扳手	台虎钳	卡簧钳	带磁力表座的百分表
		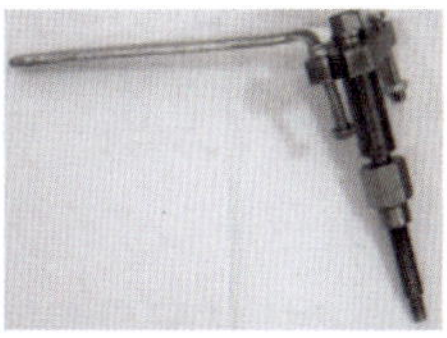	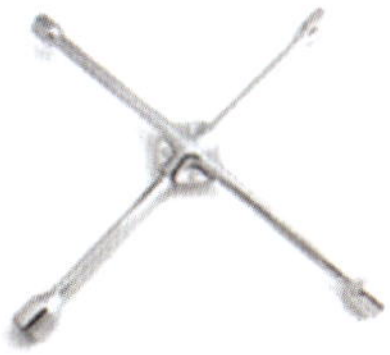
5 挡齿轮拆卸专用工具	选挡换挡轴挡盖拆卸专用工具	半轴驱动法兰拆卸专用工具	轮胎扳手

5 挡拨叉拆卸专用工具	游标卡尺	维修手册

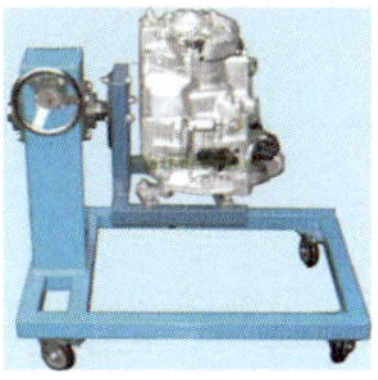	
变速器翻转架	内部换挡操纵机构组件

三、防护措施

（一）个人安全防护

1. 维修人员必须身穿工作服、戴工作帽、穿工作鞋，工作服纽扣、拉链及皮带扣应藏于衣服内侧，扎紧袖口、领口、裤脚，佩戴手套。女生长发要盘起放在工作帽内。

2. 维修人员在进入车间前应摘掉手表、戒指、项链、耳环等金属饰品。

3. 维修人员在进行车辆维修操作时，应防止车轮压伤脚部、车门夹伤手部、热的发动机烫伤手部、发动机传动带绞伤手部。

4. 在搬运重物及尖锐器物时应注意动作姿势，防止扭伤腰部、砸伤脚部或划伤手部。

（二）车辆 / 台架等设备的安全防护

1. 车辆进入车间内，应停放至指定地点，熄灭发动机，将变速器置于空挡位置，并拉紧驻车制动器。台架应将滑轮锁死或用木块固定。

2. 维修操作前应铺设三件套及翼子板布，发动机启动前应确保其他维修人员远离车辆，并连接尾气排放设备。

3. 操作电气设备时应注意用电安全，作业结束后应及时切断一切用电设备的电源。

4. 操作前应熟读维修手册中的操作标准和台架、仪器、设备使用标准，并做好日常维护工作。

（三）车间场地的安全防护

1. 车间应配有灭火器及相应消防设施，易燃油品应存放在密封的金属罐中。

2. 车间内的工具、零部件、设备、车辆等应有序摆放。

3. 车间内设备和车辆周围的人行道和工作区域必须保证足够的安全空间。

4. 操作过程中应做到油品、工具、配件三不落地，作业完毕后应及时清理车间工作场地，做到现场 5S 管理。

四、任务分配（见表 7-2）

表 7-2　任务分配表

职务	代码	姓名	工作内容
组长	A		监督、管理组员工作
组员	B		准备实训所需变速器及零部件
	C		
	D		准备实训所需工具及维修手册等
	E		
	F		

五、任务实施

（一）操作步骤

1. 拆卸变速器内部换挡操纵机构

拆卸变速器内部换挡操纵机构并完成表 7-3 的填写。

表 7-3 拆卸变速器内部换挡操纵机构

步骤	项目	顺序	工作内容
1	拆卸倒挡拨叉	1	使用 10 mm 梅花扳手拆卸倒挡拨叉支架的两个螺栓
		2	取下倒挡拨叉
2	拆卸换挡拨叉总成	1	将换挡拉杆向上拉出，取下 5 挡换挡拨叉
		2	
		3	
		4	
3	取下压力弹簧		取下换挡拉杆安装孔内的压力弹簧

2. 检查变速器内部换挡操纵机构

检查变速器内部换挡操纵机构并完成表 7-4 的填写。

表 7-4 检查变速器内部换挡操纵机构

步骤	工作内容
1	检查换挡拨叉在换挡拉杆上运动是否顺滑、正常
2	
3	
4	

3. 组装变速器内部换挡操纵机构

组装变速器内部换挡操纵机构并完成表 7-5 的填写。

表 7-5 组装变速器内部换挡操纵机构

步骤	项目	顺序	工作内容
1	安装压力弹簧		安装换挡拉杆安装孔内的压力弹簧
2	安装换挡拨叉总成	1	安装 1/2 挡换挡拨叉（1/2 挡换挡拨叉小齿有凹槽，与 3/4 挡换挡拨叉不可互换）
		2	
		3	
		4	
		5	
3	安装倒挡拨叉	1	安装倒挡拨叉及支架
		2	
4	检查拨叉动作		手动检查各换挡拨叉之间运动是否存在干涉，如果出现此问题可能是 5 挡或倒挡拨叉装反导致的
5	整理		整理工具，打扫现场卫生

（二）实施记录

结合实施过程，对照表 7–6 所列检查项目进行检查，并记录实际的检查结果。

表 7–6　实施记录

序号	项目	检查结果	备注
1	检查换挡拨叉在换挡拉杆上运动的顺畅程度	顺畅 □　卡滞 □	
2	检查换挡拨叉	正常 □　裂纹 □　破损 □	
3	检查选挡换挡轴止动螺栓的弹力	正常 □　弹力小 □	
4	检查换挡拉杆两端压力弹簧的弹力	正常 □　弹力小 □	

六、检查

（一）自检

结合本组任务操作过程，对任务执行过程中的操作规范性进行检查，检查操作过程中是否存在以下问题，分析讨论应如何避免并总结规范的操作方法（见表 7–7）。

表 7–7　自检

检查项目	结果
1/2 挡换挡拨叉与 3/4 挡换挡拨叉是否装错	是 □　否 □
倒挡换挡拨叉定位齿是否对准 1/2 挡换挡拨叉上的齿槽	是 □　否 □
5 挡换挡拨叉定位齿是否对准 3/4 挡换挡拨叉上的齿槽	是 □　否 □
手动检查各换挡拨叉之间运动是否存在干涉	是 □　否 □

（二）互检

组与组之间相互进行任务操作过程及结果检查，并把检查结果填写在表 7–8 中。

表 7–8　互检

检查项目	结果
1/2 挡换挡拨叉与 3/4 挡换挡拨叉是否装错	是 □　否 □
倒挡换挡拨叉定位齿是否对准 1/2 挡换挡拨叉上的齿槽	是 □　否 □
5 挡换挡拨叉定位齿是否对准 3/4 挡换挡拨叉上的齿槽	是 □　否 □
手动检查各换挡拨叉之间运动是否存在干涉	是 □　否 □

七、课堂小结

任务八　变速器 3/4 挡齿轮及同步器拆装检查

变速器 3/4 挡齿轮及同步器拆装检查任务工单					
客户信息	姓名		职业		
车辆信息	车型	VIN 码		行驶里程	
客户描述	倒挡行驶异响 □ 离合器打滑 □ 差速器异响 □	踩下离合器异响 □ 变速器挂挡困难 □ 变速器乱挡 □	挂挡时产生异响 □ 变速器掉挡 □ 半轴故障 □	变速器油液泄漏 □ 主减速器异响 □ 离合器踏板行程过长 □	
	其　他：				

车辆外观检查		车辆内部检查	
凹凸 □	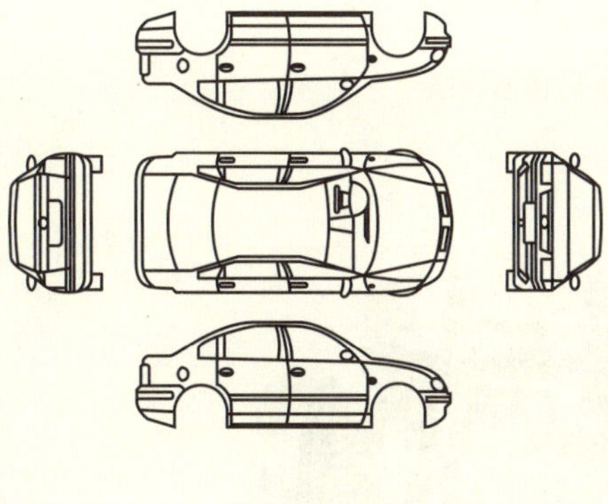	污渍 □	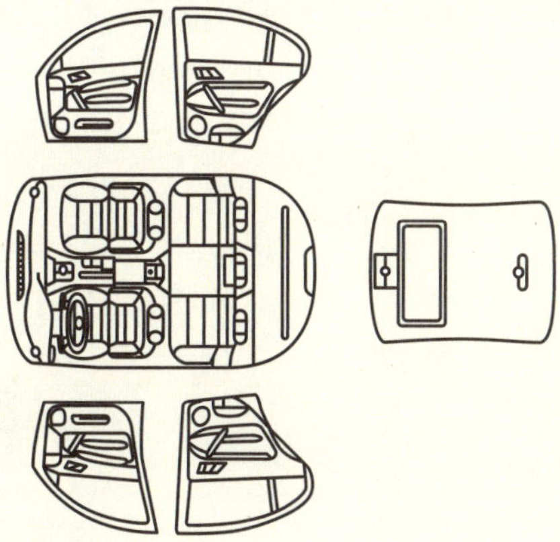
划痕 □		破损 □	
石击 □		色斑 □	
油漆 □		变形 □	

明确具体工作任务	

任务目标

- 能够对变速器 3/4 挡齿轮及同步器进行检查
- 能够解答客户提出的关于变速器 3/4 挡齿轮及同步器的疑问

任务内容

- 变速器 3/4 挡齿轮的作用和传递路线分析
- 变速器 3/4 挡同步器的安装位置与作用
- 同步器的分类、结构、工作原理及应用
- 变速器 3/4 挡齿轮及同步器的拆装与检查方法

续表

任务重点	● 变速器 3/4 挡齿轮及同步器的检查
任务难点	● 变速器 3/4 挡齿轮的拆装

一、知识讲解

（一）变速器 3/4 挡齿轮的作用及传递路线分析

与变速器 5 挡齿轮类似，3/4 挡齿轮是变速器内部实现 3 挡与 4 挡动力传递的齿轮组。3 挡和 4 挡传递路线分别如图 8–1 和图 8–2 所示。

图 8–1 3 挡传递路线

图 8–2 4 挡传递路线

（二）变速器 3/4 挡同步器的安装位置与作用

旧式变速器的换挡要采用“两脚离合”的方式，升挡要在空挡位置停留片刻（但是离合器需要抬起，目的是让离合器片和飞轮同步，转速必须一致才可顺利挂挡，如果换挡慢，转速落到怠速，就无法挂进去），减挡要在空挡位置（同时保持离合器抬起）踩加速踏板，以减小齿轮的转速差。但这个操作比较复杂，难以精确掌握。因此，设计师设计出“同步器”，通过同步器使将要啮合的齿轮达到一致的转速而顺利啮合。

3/4 挡同步器安装在变速器输入轴上的 3 挡与 4 挡主动齿轮之间。同步器可以使接合套与待啮合的齿圈迅速同步，以缩短换挡时间，并防止待啮合的齿轮在与输入转速达到同步之前产生运动干涉。

采用滑动齿轮或接合套换挡时，必须使待啮合的齿轮或接合套与待接合齿圈花键齿的圆周速度一致（同步），才能顺利进入啮合而完成挂挡；否则，在挂挡时就容易出现齿轮“打齿”的现象。因此，为了方便变速器快速实现换挡，又不出现“打齿”现象，在变速器换入某一个挡位前，应使这个挡位的齿轮与输入轴或输出轴的转速保持一致。

（三）同步器的分类及应用

同步器有常压式、惯性式、自行增力式等形式。目前广泛采用的是惯性式同步器。惯性式同步器与常压式同步器都是依靠摩擦作用实现同步，但它可以从结构上保证接合套与待接合的花键齿圈在达到同步之前不接触，以避免齿间冲击和产生噪声。惯性式同步器广泛应用于轿车和轻型、中型货车的变速器中。惯性式同步器根据其构造不同可分为锁环式同步器和锁销式同步器两种，如图 8–3 所示。

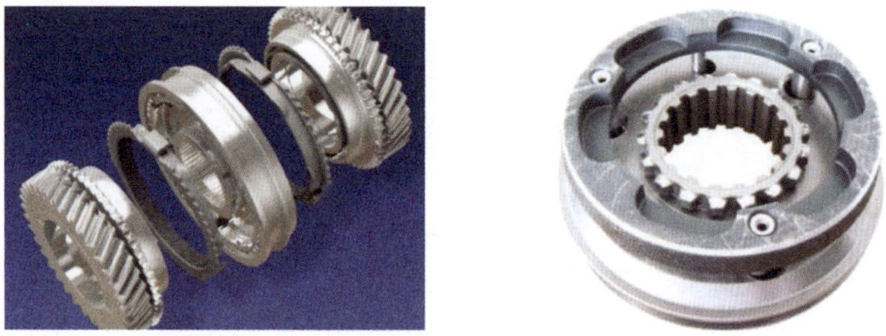

a）锁环式同步器　　b）锁销式同步器

图 8–3　惯性式同步器

（四）锁环式同步器的结构

锁环式同步器主要由同步器接合套、花键毂、同步器滑块、滑块弹簧、同步器锁环和齿轮接合齿等组成，如图 8–4 所示。

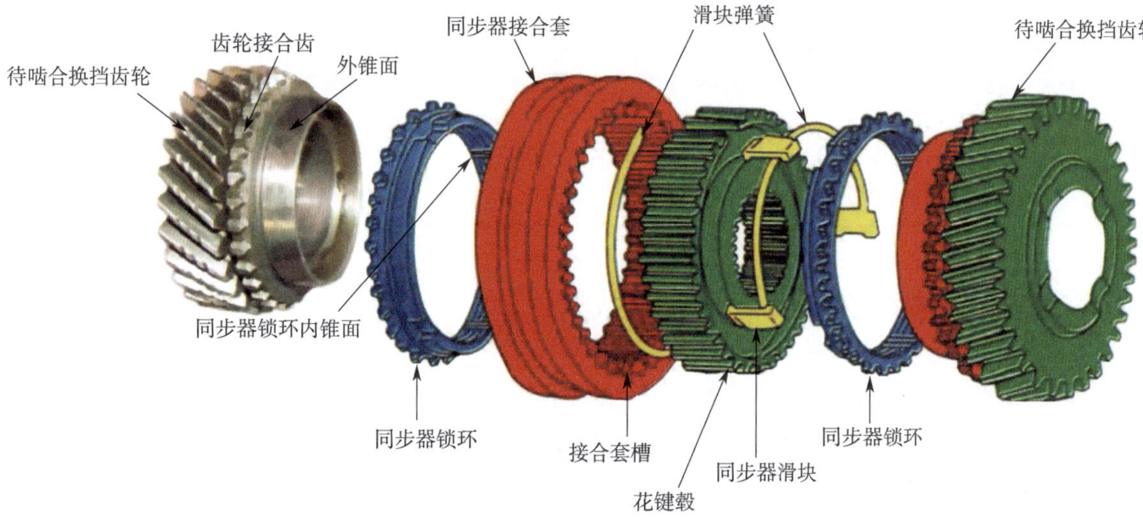

图 8–4　锁环式同步器的结构

（五）同步器工作原理

图 8-5 所示为同步器工作原理图，其工作步骤见表 8-1。

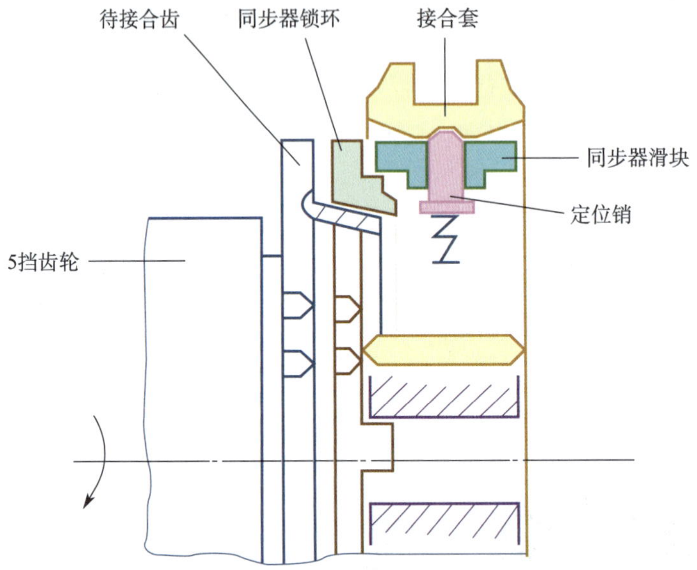

图 8-5　同步器工作原理图

表 8-1　同步器的工作步骤

步骤	工作内容
1	在换挡时，接合套在换挡拨叉的推动下向换挡齿轮的接合齿靠近，接合套带动嵌合在接合套凹槽中的同步器滑块将同步器锁环推向接合齿方向，同时接合套中的花键齿伸入同步器锁环中
2	在同步器锁环向接合齿靠近过程中，同步器锁环的内锥面与接合齿的外锥面接触并产生摩擦力，使同步器锁环开始随接合齿转动，并通过滑块带动接合套一起转动。此时，同步器接合套内花键的倒角与同步器锁环上的内倒角接触
3	同步器接合套在推动力下继续向接合齿靠近，通过其内花键的倒角与同步器锁环的花键顺利进入啮合，并随同步器锁环同步运转，此时的同步器锁环已经在摩擦力下与接合齿实现同步运转
4	接合套带动内部花键继续向接合齿靠近并利用倒角与接合齿倒角接触
5	在接合套的推动力下，接合套的内花键倒角与接合齿外花键倒角产生的作用力，使接合齿的外花键与接合套内花键产生位移，并顺利进入啮合

（六）检查同步器的必要性

从同步器工作原理中可以看出，同步器在工作时，主要依靠同步器锁环与齿轮接合齿的锥面摩擦力来进行同步工作，同时还依靠同步器接合套内花键和接合齿外花键的倒角，使之顺利进入啮合状态。长时间使用后，具有相对运动的两个元件之间必然会产生机械磨损，或由于暴力操作而产生人为损伤，因此需要对同步器各组成元件逐一进行检查。

（七）变速器 3/4 挡齿轮及同步器的拆卸方法（见表 8-2）

表 8-2　变速器 3/4 挡齿轮及同步器的拆卸方法

步骤	图示	说明
1		拆下 4 挡从动齿轮与主动齿轮
2		取下变速器输入轴，拆卸 3/4 挡齿轮同步器固定用弹性挡圈
3		拆下 3/4 挡齿轮同步器总成
4		取下 3 挡主动齿轮
5		取下 3 挡从动齿轮

（八）变速器 3/4 挡齿轮及同步器的检查方法（见表 8-3）

表 8-3　变速器 3/4 挡齿轮及同步器的检查方法

步骤	图示	说明
1	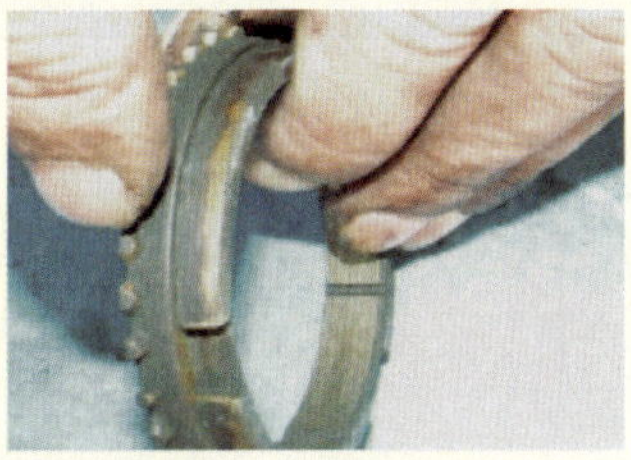	目视检查同步器锁环的接合齿是否有过度磨损、变形、裂纹等，同步器锁环内锥面的沟槽是否有过度磨损

续表

步骤	图示	说明
2		检查同步器内花键和花键毂有无花键变窄、台阶、过度磨损等，检查接合套和花键毂滑动是否顺畅，间隙是否过大
3	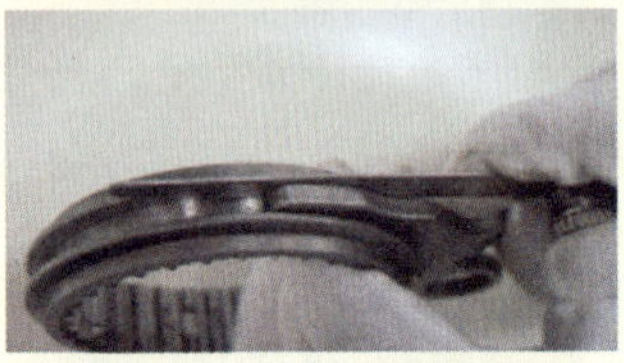	检查换挡拨叉与同步器接合套接触位置是否有异常磨损或机械损坏
4		用手按压换挡齿轮和同步器锁环，保持压下的同时，用塞尺测量同步器锁环与换挡齿轮的间隙
5	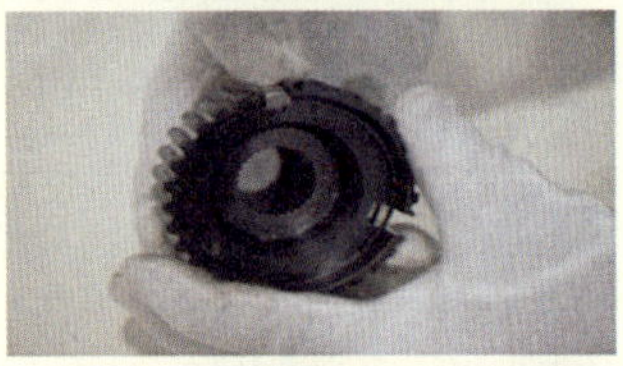	检查同步器滑块是否有异常磨损
6		目视检查 3/4 挡齿轮是否有缺齿、裂纹、斑点、锈蚀，齿面是否有明显斑痕或过度磨损等
7		检查输出轴上 3/4 挡位置花键以及 3/4 挡齿轮内的花键是否有损坏、缺齿、过度磨损等

（九）变速器 3/4 挡齿轮及同步器的安装方法（见表 8-4）

表 8-4　变速器 3/4 挡齿轮及同步器的安装方法

步骤	图示	说明
1		安装变速器 3 挡主、从动齿轮及弹性挡圈

续表

步骤	图示	说明
2		将 3/4 挡同步器安装到变速器输入轴上并安装弹性挡圈
3		将输入轴安装回变速器，并安装变速器 4 挡主动齿轮
4		安装变速器 4 挡从动齿轮
5		安装变速器内部换挡操纵机构
6	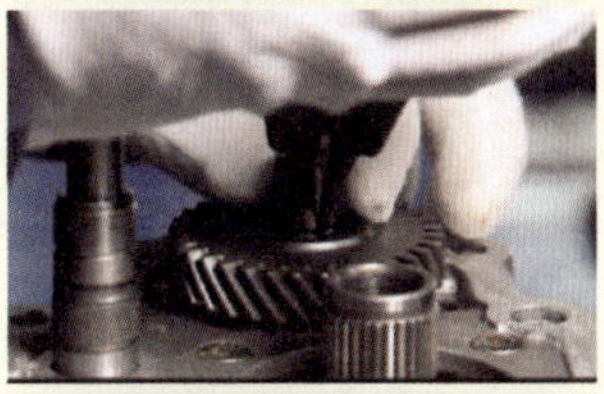	安装变速器 5 挡齿轮
7		安装变速器壳体盖

二、任务准备

勾选出完成本任务所需的工具、设备、资料等。

			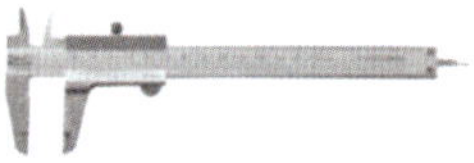
塞尺	工具车	铜棒	游标卡尺

			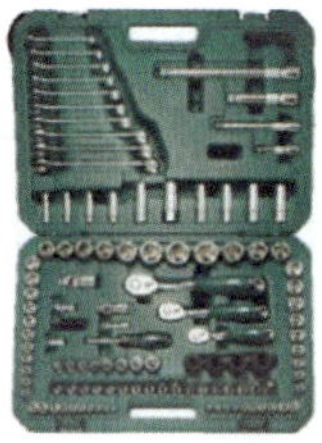
变速器壳体拆卸专用工具	尖嘴钳	橡胶锤	常用工具套装
		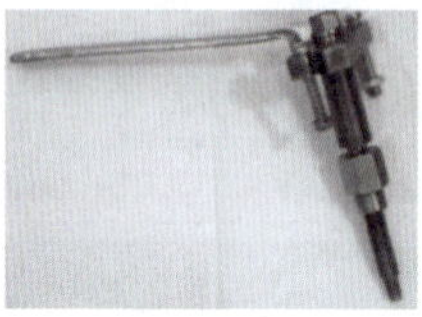	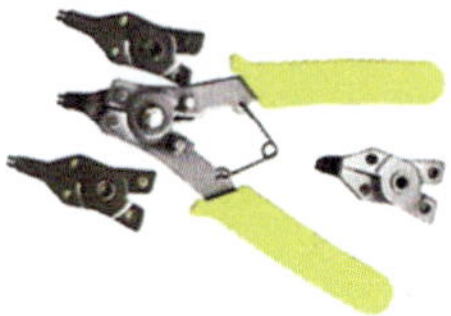
选挡换挡轴挡盖拆卸专用工具	工作台	半轴驱动法兰拆卸专用工具	卡簧钳
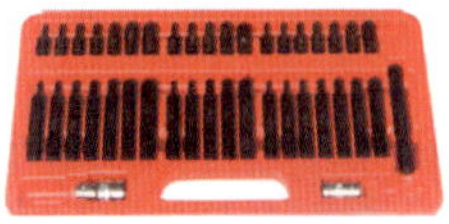			
40 件星批组件	3/4 挡齿轮拆卸专用工具	5 挡齿轮拆卸专用工具	抹布
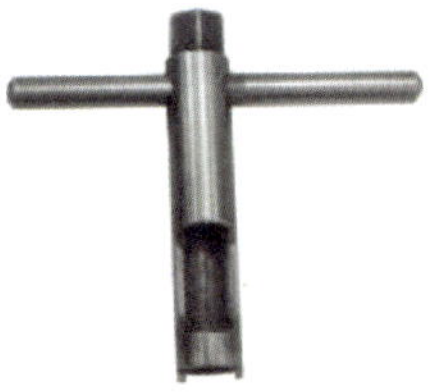			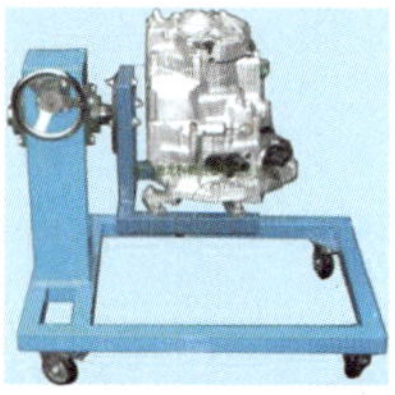
5 挡拨叉拆卸专用工具	半轴驱动法兰安装专用工具	维修手册	变速器翻转架
		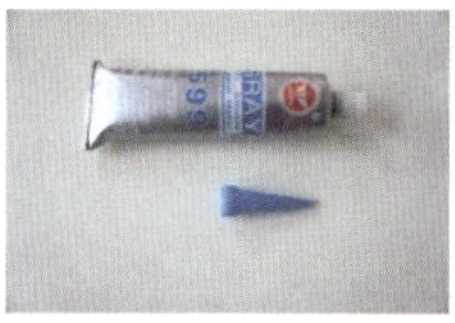	
变速器总成	3/4 挡同步器总成	密封胶	

三、防护措施

（一）个人安全防护

1. 维修人员必须身穿工作服、戴工作帽、穿工作鞋，工作服纽扣、拉链及皮带扣应藏于衣服内侧，扎紧袖口、领口、裤脚，佩戴手套。女生长发要盘起放在工作帽内。

2. 维修人员在进入车间前应摘掉手表、戒指、项链、耳环等金属饰品。

3. 维修人员在进行车辆维修操作时，应防止车轮压伤脚部、车门夹伤手部、热的发动机烫伤手部、发动机传动带绞伤手部。

4. 在搬运重物及尖锐器物时应注意动作姿势，防止扭伤腰部、砸伤脚部或划伤手部。

（二）车辆 / 台架等设备的安全防护

1. 车辆进入车间内，应停放至指定地点，熄灭发动机，将变速器置于空挡位置，并拉紧驻车制动器。台架应将滑轮锁死或用木块固定。

2. 维修操作前应铺设三件套及翼子板布，发动机启动前应确保其他维修人员远离车辆，并连接尾气排放设备。

3. 操作电气设备时应注意用电安全，作业结束后应及时切断一切用电设备的电源。

4. 操作前应熟读维修手册中的操作标准和台架、仪器、设备使用标准，并做好日常维护工作。

（三）车间场地的安全防护

1. 车间应配有灭火器及相应消防设施，易燃油品应存放在密封的金属罐中。

2. 车间内的工具、零部件、设备、车辆等应有序摆放。

3. 车间内设备和车辆周围的人行道和工作区域必须保证足够的安全空间。

4. 操作过程中应做到油品、工具、配件三不落地，作业完毕后应及时清理车间工作场地，做到现场 5S 管理。

四、任务分配（见表 8–5）

表 8–5 任务分配表

职务	代码	姓名	工作内容
组长	A		监督、管理组员工作
组员	B		准备实训所需变速器及零部件
	C		
	D		准备实训所需工具及维修手册等
	E		
	F		

五、任务实施

（一）操作步骤

1. 拆卸 3/4 挡齿轮及同步器

拆卸 3/4 挡齿轮及同步器并完成表 8–6 的填写。

表 8-6　拆卸 3/4 挡齿轮及同步器

步骤	项目	顺序	工作内容
1	拆卸 4 挡齿轮	1	使用卡簧钳与一字旋具配合将输出轴 4 挡齿轮的弹性挡圈拆下，取下 4 挡齿轮
		2	取下输入轴
2	拆卸 3/4 挡同步器总成	1	
		2	
		3	
		4	
		5	取下滚子轴承
3	拆卸 3 挡齿轮	1	取下倒挡轴及倒挡齿轮
		2	

2. 检查 3/4 挡齿轮及同步器

检查 3/4 挡齿轮及同步器并完成表 8-7 的填写。

表 8-7　检查 3/4 挡齿轮及同步器

步骤	工作内容
1	检查 3/4 挡齿轮及同步器齿轮是否有裂纹、断齿、磨损、点蚀等现象
2	
3	
4	
5	
6	检查 3/4 挡同步器接合套及滑块的磨损情况

3. 安装 3/4 挡齿轮及同步器

安装 3/4 挡齿轮及同步器并完成表 8-8 的填写。

表 8-8　安装 3/4 挡齿轮及同步器

步骤	项目	顺序	工作内容
1	安装 3 挡齿轮	1	
		2	
2	安装 3 挡同步器齿轮及 3/4 挡花键毂	1	在输入轴上安装滚子轴承、3 挡同步器齿轮和 3 挡同步器锁环
		2	
		3	
		4	

续表

步骤	项目	顺序	工作内容
3	安装 3/4 挡同步器接合套及 4 挡同步器齿轮	1	
		2	安装 4 挡同步器锁环，同步器锁环的三个卡槽要对准滑块
		3	
		4	
4	安装 4 挡齿轮	1	
		2	使用卡簧钳和一字旋具配合安装弹性挡圈
5	整理		整理工具，打扫现场卫生

（二）实施记录

结合实施过程，对照表 8–9 所列检查项目进行检查，并记录实际的检查结果。

表 8–9 实施记录

序号	项目	检查结果	备注
1	检查同步器锁环的接合齿	正常 □ 磨损 □ 变形 □ 裂纹 □	
2	检查同步器锁环与换挡齿轮的接合间隙	测量间隙值为_________ mm	标准间隙值为 0.15 mm
3	检查同步器内花键和花键毂	正常 □ 花键变窄 □ 台阶 □ 过度磨损 □	
4	检查换挡拨叉与同步器接合套接触位置	正常 □ 磨损 □ 机械损坏 □	
5	检查同步器滑块	正常 □ 磨损 □	
6	检查 3/4 挡齿轮	正常 □ 缺齿 □ 裂纹 □ 斑点 □ 锈蚀 □	
7	检查输出轴上 3/4 挡位置花键和 3/4 挡齿轮内的花键	正常 □ 损坏 □ 缺齿 □ 磨损 □	

六、检查

（一）自检

结合本组任务操作过程，对任务执行过程中的操作规范性进行检查，检查操作过程中是否存在以下问题，分析讨论应如何避免并总结规范的操作方法（见表 8–10）。

表 8–10 自检

检查项目	结果
拆卸变速器中壳前是否已将车速传感器、倒挡开关和倒挡轴固定螺栓拆卸下来	是 □ 否 □
半轴驱动法兰拆卸专用工具使用是否正确	是 □ 否 □

续表

检查项目	结果
5 挡齿轮拆卸专用工具使用是否正确	是 □　否 □
变速器壳体拆卸专用工具使用是否正确	是 □　否 □
3/4 挡同步器固定用弹性挡圈的拆卸及安装方法是否正确	是 □　否 □
3/4 挡同步器总成拆卸及安装方法是否正确	是 □　否 □
拨叉轴及拨叉安装顺序是否正确	是 □　否 □
选挡换挡轴安装方法是否正确	是 □　否 □
两半轴驱动法兰是否错装	是 □　否 □
半轴驱动法兰安装专用工具使用是否正确	是 □　否 □

（二）互检

组与组之间相互进行任务操作过程及结果检查，并把检查结果填写在表 8-11 中。

表 8-11　互检

检查项目	结果
拆卸变速器中壳前是否已将车速传感器、倒挡开关和倒挡轴固定螺栓拆卸下来	是 □　否 □
半轴驱动法兰拆卸专用工具使用是否正确	是 □　否 □
5 挡齿轮拆卸专用工具使用是否正确	是 □　否 □
变速器壳体拆卸专用工具使用是否正确	是 □　否 □
3/4 挡同步器固定用弹性挡圈的拆卸及安装方法是否正确	是 □　否 □
3/4 挡同步器总成拆卸及安装方法是否正确	是 □　否 □
拨叉轴及拨叉安装顺序是否正确	是 □　否 □
选挡换挡轴安装方法是否正确	是 □　否 □
两半轴驱动法兰是否错装	是 □　否 □
半轴驱动法兰安装专用工具使用是否正确	是 □　否 □

七、课堂小结

任务九　变速器 1/2 挡齿轮、同步器及倒挡齿轮拆装检查

变速器 1/2 挡齿轮、同步器及倒挡齿轮拆装检查任务工单				
客户信息	姓名		职业	
车辆信息	车型	VIN 码	行驶里程	

客户描述	
	倒挡行驶异响 □　踩下离合器异响 □　挂挡时产生异响 □　变速器油液泄漏 □
	离合器打滑 □　变速器挂挡困难 □　变速器掉挡 □　主减速器异响 □
	差速器异响 □　变速器乱挡 □　半轴故障 □　离合器踏板行程过长 □
	其　他：

车辆外观检查		车辆内部检查	
凹凸 □	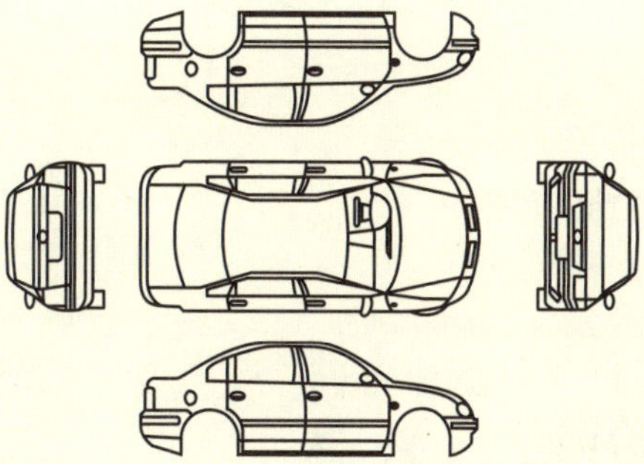	污渍 □	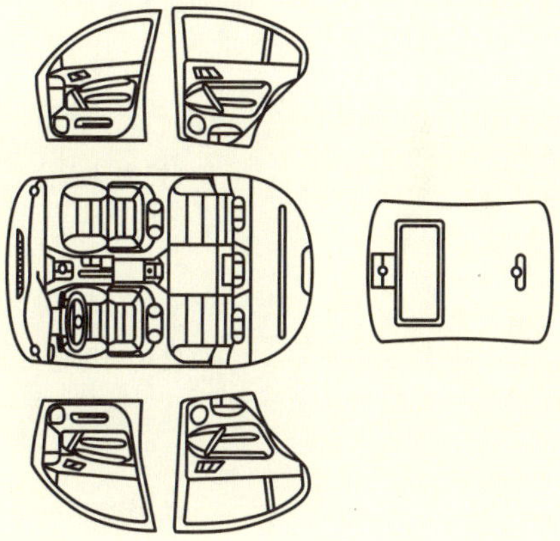
划痕 □		破损 □	
石击 □		色斑 □	
油漆 □		变形 □	

明确具体工作任务	

任务目标

- 能够对变速器 1/2 挡齿轮、同步器及倒挡齿轮进行检查
- 能够解答客户提出的关于变速器 1/2 挡齿轮、同步器及倒挡齿轮的疑问

任务内容

- 1/2 挡齿轮与同步器的安装位置、作用及传递路线分析
- 倒挡齿轮的安装位置、作用及传递路线分析
- 1/2 挡齿轮、同步器及倒挡齿轮的拆装与检查方法

续表

任务重点	● 1/2 挡齿轮、同步器及倒挡齿轮的拆装方法
任务难点	● 1/2 挡齿轮、同步器及倒挡齿轮的检查方法

一、知识讲解

（一）1/2 挡齿轮、同步器的安装位置及作用

1/2 挡从动齿轮通过轴承安装在输出轴上，1/2 挡同步器则安装在 1/2 挡从动齿轮之间的花键上，1/2 挡主动齿轮直接加工在变速器的输入轴上。

同 5 挡及 3/4 挡齿轮相同，1/2 挡齿轮是分别实现变速器 1 挡和 2 挡动力传递的齿轮组，其具体传递路线如图 9–1 和图 9–2 所示。

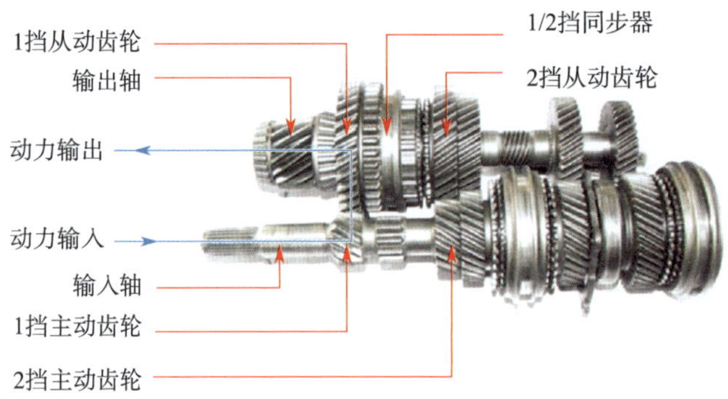

图 9–1　1 挡传递路线

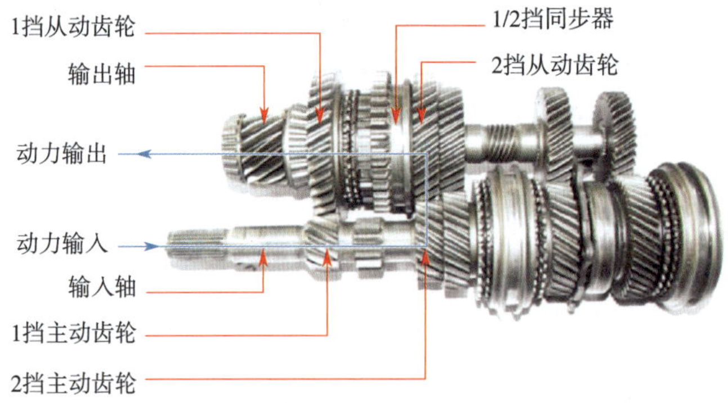

图 9–2　2 挡传递路线

（二）倒挡齿轮的安装位置及作用

倒挡齿轮能使变速器实现倒挡动力传递。倒挡的主要作用是在不改变发动机转动方向的情况下实现车辆倒车行驶。

倒挡主动齿轮与从动齿轮分别加工在变速器输入轴上和 1/2 挡齿轮同步器的接合套上，并通过倒挡轴上的倒挡惰轮改变传递方向。倒挡齿轮结构如图 9–3 所示。

图 9–3 倒挡齿轮结构

因为倒挡齿轮不经常工作，而且倒挡一般在车辆静止或停稳的情况下进入啮合，所以倒挡不必采用同步器，而是采用结构简单且方便进入啮合状态的直齿齿轮。挂倒挡时，只需将倒挡惰轮沿倒挡轴滑入倒挡主动齿轮与从动齿轮之间。倒挡传递路线如图 9–4 所示。

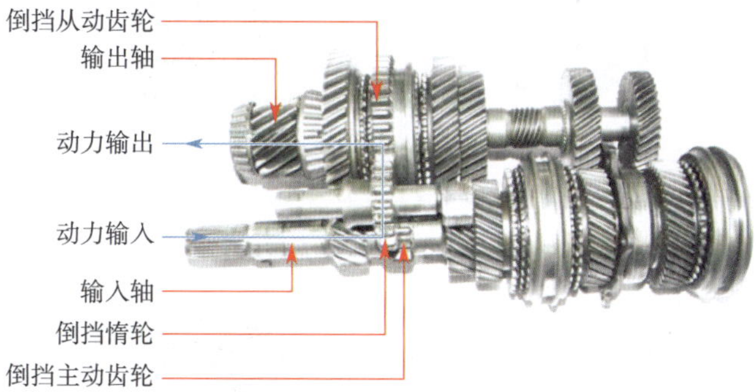

图 9–4 倒挡传递路线

（三）1/2 挡齿轮、同步器、倒挡齿轮的拆卸方法

拆下输入轴并取下 3 挡从动齿轮后，应先将 2 挡从动齿轮及轴承拆下，然后使用变速器 1/2 挡齿轮拆卸专用工具将 1 挡齿轮与 1/2 挡同步器一同拆下，如图 9–5 所示。

a）拆下输入轴

b）取下 3 挡从动齿轮

c）使用变速器 1/2 挡齿轮拆卸专用工具将 1 挡齿轮与 1/2 挡同步器一同拆下

图 9–5 1/2 挡齿轮、同步器、倒挡齿轮的拆卸方法

（四）1/2 挡齿轮、同步器、倒挡齿轮的检查内容和方法

检查 1/2 挡齿轮和同步器的内容和方法与检查 3 挡、4 挡、5 挡齿轮相同，检查倒挡齿轮则有细微的差别。

倒挡齿轮除了检查齿轮有无缺齿、断齿和表面磨损情况外，还应检查倒挡齿轮的倒角有无磨损，倒挡惰轮与倒挡轴之间的滑动有无松旷或卡滞现象。

二、任务准备

勾选出完成本任务所需的工具、设备、资料等。

扭力扳手	塞尺	铜棒	橡胶锤
		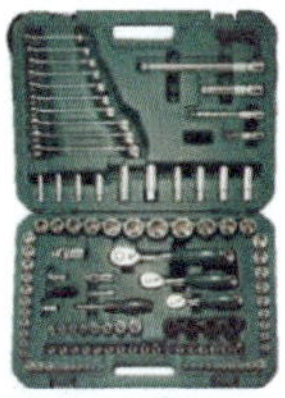	
尖嘴钳	工具车	常用工具套装	变速器壳体拆卸专用工具
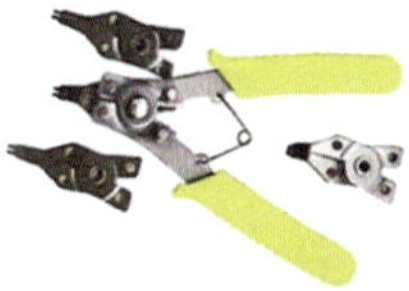			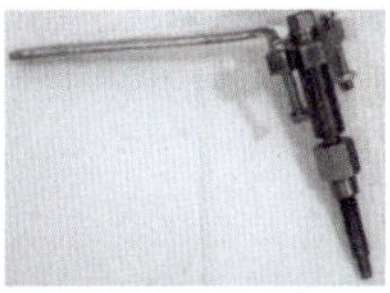
卡簧钳	抹布	选挡换挡轴挡盖拆卸专用工具	半轴驱动法兰拆卸专用工具
	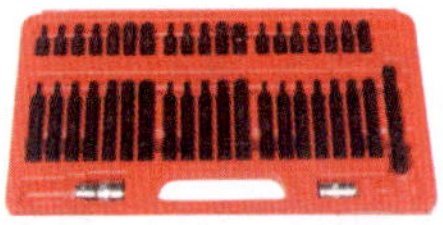		
工作台	40 件星批组件	1/2 挡齿轮拆卸专用工具	5 挡齿轮拆卸专用工具

5 挡拨叉拆卸专用工具	半轴驱动法兰安装专用工具	维修手册	变速器翻转架

		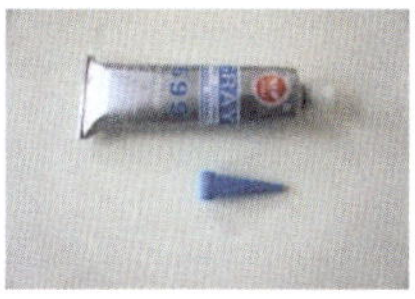
变速器总成	1/2 挡同步器总成	密封胶

三、防护措施

（一）个人安全防护

1. 维修人员必须身穿工作服、戴工作帽、穿工作鞋，工作服纽扣、拉链及皮带扣应藏于衣服内侧，扎紧袖口、领口、裤脚，佩戴手套。女生长发要盘起放在工作帽内。

2. 维修人员在进入车间前应摘掉手表、戒指、项链、耳环等金属饰品。

3. 维修人员在进行车辆维修操作时，应防止车轮压伤脚部、车门夹伤手部、热的发动机烫伤手部、发动机传动带绞伤手部。

4. 在搬运重物及尖锐器物时应注意动作姿势，防止扭伤腰部、砸伤脚部或划伤手部。

（二）车辆 / 台架等设备的安全防护

1. 车辆进入车间内，应停放至指定地点，熄灭发动机，将变速器置于空挡位置，并拉紧驻车制动器。台架应将滑轮锁死或用木块固定。

2. 维修操作前应铺设三件套及翼子板布，发动机启动前应确保其他维修人员远离车辆，并连接尾气排放设备。

3. 操作电气设备时应注意用电安全，作业结束后应及时切断一切用电设备的电源。

4. 操作前应熟读维修手册中的操作标准和台架、仪器、设备使用标准，并做好日常维护工作。

（三）车间场地的安全防护

1. 车间应配有灭火器及相应消防设施，易燃油品应存放在密封的金属罐中。

2. 车间内的工具、零部件、设备、车辆等应有序摆放。

3. 车间内设备和车辆周围的人行道和工作区域必须保证足够的安全空间。

4. 操作过程中应做到油品、工具、配件三不落地，作业完毕后应及时清理车间工作场地，做到现场 5S 管理。

四、任务分配（见表 9-1）

表 9-1 任务分配表

职务	代码	姓名	工作内容
组长	A		监督、管理组员工作
组员	B		准备实训所需变速器及零部件
	C		

续表

职务	代码	姓名	工作内容
组员	D		准备实训所需工具及维修手册等
	E		
	F		

五、任务实施

（一）操作步骤

1. 拆卸 1/2 挡齿轮、同步器和倒挡齿轮（见表 9-2）

表 9-2　拆卸 1/2 挡齿轮、同步器和倒挡齿轮

步骤	项目	顺序	工作内容
1	拆卸倒挡轴及倒挡齿轮		直接取下倒挡轴及倒挡齿轮
2	拆卸 1/2 挡同步器总成	1	取下 2 挡同步器齿轮、滚子轴承、同步器锁环
		2	取下 1/2 挡同步器接合套及三个滑块
		3	使用 1/2 挡齿轮拆卸专用工具将花键毂及 1 挡同步器齿轮一同拉出
		4	取下滚子轴承及止推垫圈

2. 检查 1/2 挡齿轮、同步器和倒挡齿轮（见表 9-3）

表 9-3　检查 1/2 挡齿轮、同步器和倒挡齿轮

步骤	工作内容
1	检查 1/2 挡齿轮及同步器齿轮是否有裂纹、断齿、磨损、点蚀等现象
2	将同步器锁环压到同步器齿轮的圆锥上，用塞尺测量环齿与轮齿之间的间隙（1/2 挡新同步器锁环安装间隙为 1.1 ~ 1.7 mm，磨损极限为 0.5 mm）
3	检查滑块弹簧的张力
4	检查 1/2 挡同步器接合套及滑块的磨损情况

3. 安装 1/2 挡齿轮、同步器和倒挡齿轮（见表 9-4）

表 9-4　安装 1/2 挡齿轮、同步器和倒挡齿轮

步骤	项目	顺序	工作内容
1	安装 1 挡同步器齿轮及 1/2 挡花键毂	1	安装止推垫圈，内径上的台肩朝向圆锥滚子轴承
		2	安装滚子轴承、1 挡同步器齿轮、1 挡同步器锁环
		3	将两个滑块弹簧安装在花键毂正反面，弹簧弯折部位对准花键毂其中一个缺口
		4	安装 1/2 挡同步器花键毂，安装时花键毂端面环槽朝向 1 挡同步器齿轮，并将花键毂的三个滑块卡槽对准 1 挡同步器锁环卡槽，使用橡胶锤敲击到位

续表

步骤	项目	顺序	工作内容
2	安装 1/2 挡同步器接合套及 2 挡同步器齿轮	1	使用大力钳安装轴套，并用橡胶锤敲击到位
		2	在花键毂卡槽上安装三个滑块，同时安装 1/2 挡同步器接合套，接合套内齿上三个缺口分别对准三个滑块
		3	安装 2 挡同步器锁环，同步器锁环的三个卡槽对准滑块
		4	安装滚子轴承及 2 挡同步器齿轮
3	安装倒挡轴及倒挡齿轮	1	安装倒挡齿轮及倒挡轴
		2	倒挡轴顶端的螺纹孔与壳体两螺纹孔的距离相等，以便安装倒挡轴固定螺栓
4	整理		整理工具，打扫现场卫生

（二）实施记录

结合实施过程，对照表 9–5 所列检查项目进行检查，并记录实际的检查结果。

表 9–5 实施记录

序号	项目	检查结果	备注
1	检查 1/2 挡齿轮及同步器	正常 □ 裂纹 □ 断齿 □ 磨损 □ 点蚀 □	
2	检查各挡位同步器锁环的磨损情况	正常 □ 裂纹 □ 断齿 □ 磨损 □	
3	将同步器锁环压到同步器齿轮的圆锥上，用塞尺测量环齿与轮齿之间的间隙	测量间隙值为________ mm	标准间隙值为________ mm
4	检查滑块弹簧的张力	正常 □ 张力小 □	
5	检查 1/2 挡同步器接合套	正常 □ 磨损 □	
6	检查 1/2 挡同步器滑块	正常 □ 磨损 □	

六、检查

（一）自检

结合本组任务操作过程，对任务执行过程中的操作规范性进行检查，检查操作过程中是否存在以下问题，分析讨论应如何避免并总结规范的操作方法（见表 9–6）。

表 9–6 自检

检查项目	结果
1/2 挡齿轮拆卸专用工具使用方法是否正确	是 □ 否 □
1/2 挡齿轮垫圈安装方向是否正确	是 □ 否 □

续表

检查项目	结果
1/2 挡花键毂、接合套缺口位置安装是否正确	是□ 否□
1/2 挡同步器滑块与弹簧安装是否正确	是□ 否□
倒挡轴安装位置是否正确	是□ 否□

（二）互检

组与组之间相互进行任务操作过程及结果检查，并把检查结果填写在表 9–7 中。

表 9–7　互检

检查项目	结果
1/2 挡齿轮拆卸专用工具使用方法是否正确	是□ 否□
1/2 挡齿轮垫圈安装方向是否正确	是□ 否□
1/2 挡花键毂、接合套缺口位置安装是否正确	是□ 否□
1/2 挡同步器滑块与弹簧安装是否正确	是□ 否□
倒挡轴安装位置是否正确	是□ 否□

七、课堂小结

____

____

____

任务十　变速器故障综合检查

变速器故障综合检查任务工单					
客户信息	姓名		职业		
车辆信息	车型	VIN 码		行驶里程	
客户描述	倒挡行驶异响 □ 离合器打滑 □ 差速器异响 □	踩下离合器异响 □ 变速器挂挡困难 □ 变速器乱挡 □	挂挡时产生异响 □ 变速器掉挡 □ 半轴故障 □	变速器油液泄漏 □ 主减速器异响 □ 离合器踏板行程过长 □	
	其　他：				
车辆外观检查			车辆内部检查		
凹凸 □ 划痕 □ 石击 □ 油漆 □	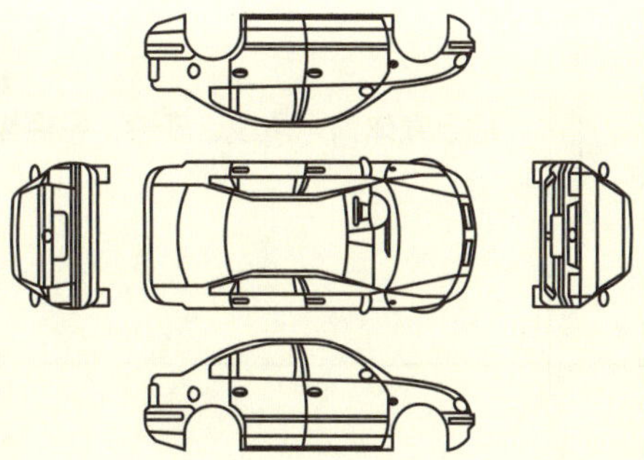		污渍 □ 破损 □ 色斑 □ 变形 □	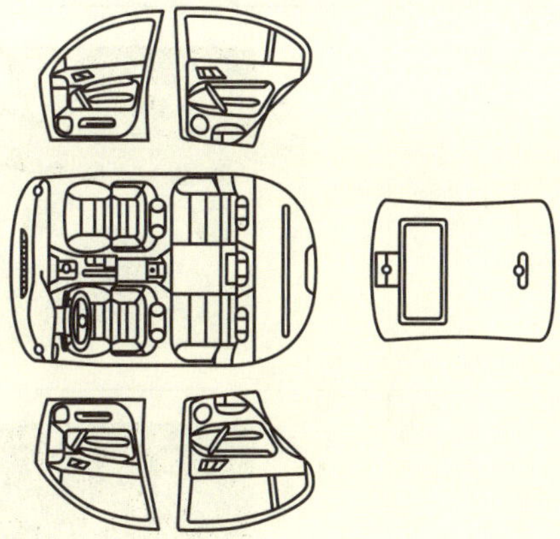	
明确具体工作任务					

任务目标

- 能够对手动变速器进行拆装与检查
- 能够分析判断手动变速器常见故障
- 能够解答客户提出的关于变速器故障的疑问

任务内容

- 变速器故障原因
- 变速器综合故障的检查方法

续表

任务重点	● 变速器的分解、组装与检修
任务难点	● 变速器各零部件的检查

一、知识讲解

（一）变速器故障的原因

由于变速器内部多采用斜齿圆柱齿轮进行动力传递，且所有挡位齿轮均为常啮合状态，因此只要变速器工作，同一挡位相邻齿轮之间便存在相互啮合运动，由此产生的摩擦力致使各零件在长期使用过程中磨损加大，各个零部件之间的配合间隙加大，这时会在车辆上表现出相应的故障现象，例如异响、工作异常等。此时便需要对变速器进行分解检查，并将检查不合格的零部件进行更换，保证变速器工作的可靠性。

（二）变速器综合故障的检查方法（见表 10-1）

表 10-1　变速器综合故障的检查方法

序号	图示	说明
1		检查壳体有无裂纹、变形，各螺纹孔有无滑牙和损伤
2		检查并清理变速器壳体底部磁铁上的铁屑
3		检查并清理变速器壳体各个接合平面的密封胶或残留垫片

续表

序号	图示	说明
4		检查所有滚子轴承内圈与外圈表面有无烧蚀、点蚀现象，保持架有无断裂损坏
5		检查所有滚子轴承有无松旷、卡滞

二、任务准备

勾选出完成本任务所需的工具、设备、资料等。

扭力扳手	塞尺	直尺	橡胶锤
		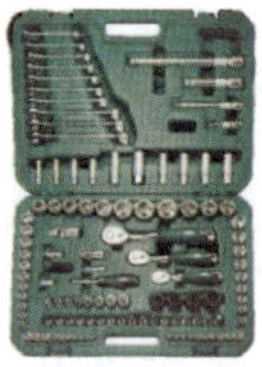	
3/4 挡齿轮拆卸专用工具	工具车	常用工具套装	变速器壳体拆卸专用工具
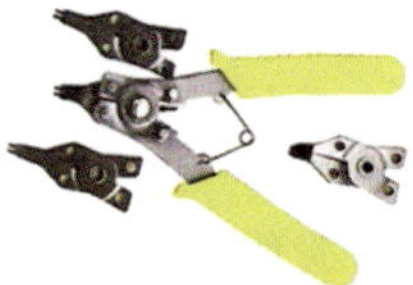			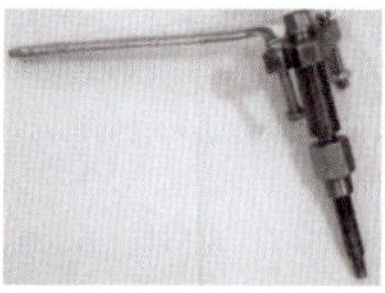
卡簧钳	抹布	选挡换挡轴挡盖拆卸专用工具	半轴驱动法兰拆卸专用工具

	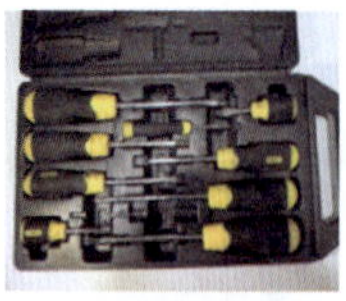		
工作台	旋具套装	1/2 挡齿轮拆卸专用工具	5 挡齿轮拆卸专用工具
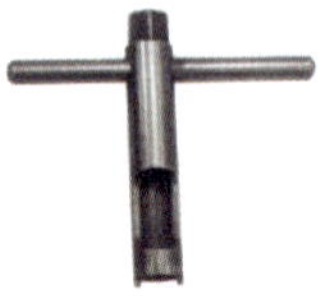			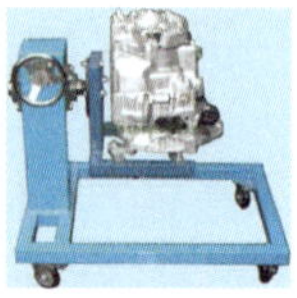
5 挡拨叉拆卸专用工具	半轴驱动法兰安装专用工具	维修手册	变速器翻转架
		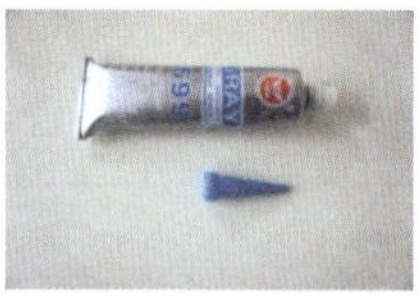	
变速器总成	1/2 挡同步器总成	密封胶	

三、防护措施

（一）个人安全防护

1. 维修人员必须身穿工作服、戴工作帽、穿工作鞋，工作服纽扣、拉链及皮带扣应藏于衣服内侧，扎紧袖口、领口、裤脚，佩戴手套。女生长发要盘起放在工作帽内。

2. 维修人员在进入车间前应摘掉手表、戒指、项链、耳环等金属饰品。

3. 维修人员在进行车辆维修操作时，应防止车轮压伤脚部、车门夹伤手部、热的发动机烫伤手部、发动机传动带绞伤手部。

4. 在搬运重物及尖锐器物时应注意动作姿势，防止扭伤腰部、砸伤脚部或划伤手部。

（二）车辆 / 台架等设备的安全防护

1. 车辆进入车间内，应停放至指定地点，熄灭发动机，将变速器置于空挡位置，并拉紧驻车制动器。台架应将滑轮锁死或用木块固定。

2. 维修操作前应铺设三件套及翼子板布，发动机启动前应确保其他维修人员远离车辆，并连接尾气排放设备。

3. 操作电气设备时应注意用电安全，作业结束后应及时切断一切用电设备的电源。

4. 操作前应熟读维修手册中的操作标准和台架、仪器、设备使用标准，并做好日常维护工作。

（三）车间场地的安全防护

1. 车间应配有灭火器及相应消防设施，易燃油品应存放在密封的金属罐中。

2. 车间内的工具、零部件、设备、车辆等应有序摆放。

3. 车间内设备和车辆周围的人行道和工作区域必须保证足够的安全空间。

4. 操作过程中应做到油品、工具、配件三不落地，作业完毕后应及时清理车间工作场地，做到现场 5S 管理。

四、任务分配（见表 10-2）

表 10-2 任务分配表

职务	代码	姓名	工作内容
组长	A		监督、管理组员工作
组员	B		准备实训所需变速器及零部件
	C		
	D		准备实训所需工具及维修手册等
	E		
	F		

五、任务实施

（一）操作步骤

1. 拆卸变速器

拆卸变速器并完成表 10-3 的填写。

表 10-3 拆卸变速器

步骤	项目		顺序	工作内容
1	固定变速器及输入轴		1	将变速器固定到变速器翻转架（VW309）上，并将变速器置于空挡位置，从输入轴中间孔中拉出离合器压杆
			2	
2	拆卸 5 挡同步器总成和 5 挡齿轮	拆卸壳体盖	1	
			2	
			3	取下分离轴承
		拆卸换挡拨叉及同步器接合套	1	
			2	
			3	
			4	
		拆卸 5 挡同步器花键毂	1	使用 12 mm 梅花扳手拆卸输入轴自锁螺母并取下垫片
			2	
			3	
			4	

续表

步骤	项目	顺序	工作内容
3	拆卸变速器中壳	1	使用 21 mm 呆扳手拆下倒挡开关
		2	
		3	
		4	
		5	抽出选挡换挡轴
		6	
		7	
		8	将半轴驱动法兰拆卸专用工具 VW391 安装在半轴驱动法兰上，拉出半轴驱动法兰，同时取下压力弹簧
		9	
		10	
		11	
		12	
4	拆卸换挡拨叉	1	使用 10 mm 梅花扳手拆卸倒挡拨叉支架的固定螺栓，并取下倒挡拨叉及支架
		2	
5	拆卸 3/4 挡齿轮及同步器	1	
		2	
		3	
		4	
		5	
		6	使用 3/4 挡齿轮拆卸专用工具将花键毂及 3 挡同步器齿轮一同拉出
		7	取下滚子轴承及输入轴
		8	
		9	
		10	使用一字旋具轻微撬动 3 挡齿轮，取下 3 挡齿轮
6	拆卸 1/2 挡同步器总成	1	取下 2 挡同步器齿轮、滚子轴承、同步器锁环
		2	
		3	
		4	取下滚子轴承及止推垫圈
7	拆卸输出轴及差速器	1	使用 13 mm 套筒拆卸轴承盖上的四个螺栓
		2	
		3	取出输出轴并取下差速器

2. 检查变速器

检查变速器并完成表 10–4 的填写。

表 10-4 检查变速器

<table>
<tr><th>步骤</th><th>项目</th><th>顺序</th><th>工作内容</th></tr>
<tr><td rowspan="11">1</td><td rowspan="11">检查 5 挡齿轮</td><td>1</td><td>检查 5 挡主动齿轮表面有无锈蚀、麻点、裂痕、缺齿、断齿</td></tr>
<tr><td>2</td><td></td></tr>
<tr><td>3</td><td></td></tr>
<tr><td>4</td><td>检查 5 挡从动齿轮表面有无锈蚀、麻点、裂痕、缺齿、断齿</td></tr>
<tr><td>5</td><td></td></tr>
<tr><td>6</td><td></td></tr>
<tr><td>7</td><td></td></tr>
<tr><td>8</td><td></td></tr>
<tr><td>9</td><td></td></tr>
<tr><td>10</td><td>检查滚子轴承座是否磨损</td></tr>
<tr><td>11</td><td>检查各轴承的运转是否正常、顺滑</td></tr>
<tr><td rowspan="4">2</td><td rowspan="4">检查选挡换挡轴</td><td>1</td><td>检查选挡换挡轴有无裂纹、磨损等现象</td></tr>
<tr><td>2</td><td></td></tr>
<tr><td>3</td><td></td></tr>
<tr><td>4</td><td></td></tr>
<tr><td rowspan="2">3</td><td rowspan="2">检查 1/2 挡拨叉</td><td>1</td><td>检查 1/2 挡拨叉有无变形、磨损、裂纹</td></tr>
<tr><td>2</td><td>检查拨叉与接合套之间的间隙 X_1
方法一：用游标卡尺测量同步器接合套槽的宽度记为 A_1，1/2 挡拨叉的厚度记为 B_1。$A_1-B_1=X_1$，X_1 应为 1～1.5 mm
方法二：将拨叉安装到同步器接合套内，用塞尺测量拨叉与接合套的配合间隙</td></tr>
<tr><td rowspan="3">4</td><td rowspan="3">检查 3/4 挡拨叉</td><td>1</td><td>检查 3/4 挡拨叉有无变形、磨损、裂纹</td></tr>
<tr><td>2</td><td></td></tr>
<tr><td>3</td><td></td></tr>
<tr><td rowspan="3">5</td><td rowspan="3">检查换挡拨叉轴</td><td>1</td><td>检查换挡拨叉轴是否弯曲、磨损、变形</td></tr>
<tr><td>2</td><td>检查换挡拨叉在换挡拉杆上运动是否顺滑、正常</td></tr>
<tr><td>3</td><td>检查换挡拉杆两端压力弹簧的弹力</td></tr>
<tr><td rowspan="5">6</td><td rowspan="5">检查 3/4 挡齿轮及同步器</td><td>1</td><td>检查同步器锁环接合齿是否过度磨损、变形或出现裂纹</td></tr>
<tr><td>2</td><td></td></tr>
<tr><td>3</td><td></td></tr>
<tr><td>4</td><td>将同步器锁环压到同步器齿轮的圆锥上，用塞尺测量环齿与 4 挡轮齿之间的间隙（4 挡新同步器锁环安装间隙为 1.3～1.9 mm，磨损极限为 0.5 mm）</td></tr>
<tr><td>5</td><td></td></tr>
</table>

续表

步骤	项目	顺序	工作内容
6	检查3/4挡齿轮及同步器	6	
		7	
		8	
		9	检查3/4挡齿轮内花键是否有磨损或缺齿等
7	检查1/2挡齿轮、同步器及倒挡齿轮	1	
		2	
		3	将1挡同步器锁环压到同步器齿轮的圆锥上，用塞尺测量环齿与1挡轮齿之间的间隙（1挡新同步器锁环安装间隙为1.1～1.7 mm，磨损极限为0.5 mm）
		4	将2挡同步器锁环压到同步器齿轮的圆锥上，用塞尺测量环齿与2挡轮齿之间的间隙（2挡新同步器锁环安装间隙为1.1～1.7 mm，磨损极限为0.5 mm）
		5	检查同步器内花键毂有无花键变窄、台阶、过度磨损
		6	
		7	
		8	
		9	检查倒挡齿轮在齿轮轴上运转是否自如、顺滑、无阻滞

3. 组装变速器

组装变速器并完成表10-5的填写。

表10-5　组装变速器

步骤	项目	顺序	工作内容
1	安装差速器、输出轴及1/2挡同步器总成	1	将差速器总成安装在差速器壳内
		2	安装输出轴
		3	
		4	
		5	
		6	安装1/2挡同步器花键毂，安装时将花键毂的三个滑块卡槽对准1挡同步器锁环卡槽，并装入轴套
		7	
		8	
		9	
		10	
		11	倒挡轴顶端的螺纹孔与壳体两螺纹孔的距离相等，以便安装倒挡轴固定螺栓

续表

步骤	项目	顺序	工作内容
2	安装3/4挡同步器总成及齿轮	1	在输出轴上安装3挡齿轮，轴肩朝向2挡同步器齿轮
		2	
		3	
		4	
		5	安装3/4挡同步器花键毂，将花键毂的三个滑块卡槽对准3挡同步器锁环卡槽，使用橡胶锤敲击到位
		6	使用卡簧钳安装弹性挡圈
		7	在花键毂卡槽上安装三个滑块，同时安装3/4挡接合套，接合套内齿上三个缺口分别对准三个滑块
		8	
		9	
		10	
		11	使用卡簧钳安装弹性挡圈
3	安装内部换挡操纵机构	1	在换挡拉杆安装孔内装入压力弹簧
		2	安装1/2挡换挡拨叉（1/2挡换挡拨叉小齿有凹槽，与3/4挡换挡拨叉不可互换）
		3	
		4	
		5	
		6	
		7	
		8	
4	安装变速器中壳	1	在变速器底座接合面上均匀涂抹密封胶
		2	将变速器中壳安装在底座上，使用橡胶锤将变速器中壳敲击到位
		3	
		4	
		5	
		6	
		7	
		8	
		9	
		10	使用卡簧钳安装弹性挡圈
		11	拆卸专用工具，并安装端盖
		12	
		13	
		14	

续表

步骤	项目	顺序	工作内容
5	安装5挡同步器总成和5挡齿轮	1	在输出轴上安装5挡齿轮，台肩朝上安装
		2	使用卡簧钳安装弹性挡圈
		3	在5挡同步器花键毂上装入滚子轴承、同步器锁环（同步器锁环锥形面卡槽对准花键毂滑块卡槽）、同步器齿轮
		4	
		5	
		6	
		7	将拨叉插入接合套，注意接合套倒角应朝下，并在拨叉上放入止动垫片
		8	安装接合套及拨叉，接合套内齿上三个缺口分别对准花键毂上三个滑块，并使用专用工具（3059）固定拨叉与连接管，直到转不动为止，然后安装滑块挡圈
		9	
		10	
		11	安装输入轴自锁螺母及垫片，并用12 mm扳手紧固至150 N·m
		12	在壳体盖上安装分离轴承，分离轴承平面朝内安装
		13	
		14	
		15	将壳体盖安装在变速器中壳上，紧固六个螺栓至25 N·m
6	拆卸输入轴固定工具	1	拆卸输入轴固定工具
		2	在输入轴中间孔中插入离合器压杆
7	整理	1	整理工具
		2	打扫现场卫生

（二）实施记录

结合实施过程，对照表10–6所列检查项目进行检查，并记录实际的检查结果。

表10–6 实施记录

序号	项目	检查结果	备注
1	检查各挡位齿轮及同步器齿轮	正常 □ 磨损 □ 变形 □ 裂纹 □	
2	检查各挡位同步器锁环	正常 □ 磨损 □ 变形 □	
3	测量1/2挡同步器锁环安装间隙	测量间隙值为________ mm	标准间隙值为1.1～1.7 mm
4	测量3挡同步器锁环安装间隙	测量间隙值为________ mm	标准间隙值为1.15～1.75 mm

续表

序号	项目	检查结果	备注
5	测量 4/5 挡同步器锁环安装间隙	测量间隙值为________ mm	标准间隙值为 1.3 ~ 1.9 mm
6	检查各挡位拨叉	正常 □ 磨损 □ 变形 □	
7	检查拨叉在换挡拉杆上运动是否顺畅	正常 □ 卡滞 □	
8	检查各轴承的运转是否顺畅	正常 □ 卡滞 □	
9	检查选挡换挡轴止动螺栓的弹力	正常 □ 弹力小 □	

六、检查

（一）自检

结合本组任务操作过程，对任务执行过程中的操作规范性进行检查，检查操作过程中是否存在以下问题，分析讨论应如何避免并总结规范的操作方法（见表 10–7）。

表 10–7 自检

检查项目	结果
半轴驱动法兰拆卸专用工具使用是否正确	是 □ 否 □
5 挡齿轮拆卸专用工具使用是否正确	是 □ 否 □
变速器壳体拆卸专用工具使用是否正确	是 □ 否 □
1/2 挡同步器总成拆卸及安装方法是否正确	是 □ 否 □
3/4 挡同步器总成拆卸及安装方法是否正确	是 □ 否 □
5 挡同步器总成拆卸及安装方法是否正确	是 □ 否 □
同步器锁环安装间隙测量方法是否正确	是 □ 否 □
拨叉轴及拨叉安装顺序是否正确	是 □ 否 □
选挡换挡轴安装方法是否正确	是 □ 否 □
两半轴驱动法兰是否错装	是 □ 否 □
半轴驱动法兰安装专用工具使用是否正确	是 □ 否 □

（二）互检

组与组之间相互进行任务操作过程及结果检查，并把检查结果填写在表 10–8 中。

表 10–8 互检

检查项目	结果
半轴驱动法兰拆卸专用工具使用是否正确	是 □ 否 □
5 挡齿轮拆卸专用工具使用是否正确	是 □ 否 □
变速器壳体拆卸专用工具使用是否正确	是 □ 否 □

续表

检查项目	结果
1/2 挡同步器总成拆卸及安装方法是否正确	是 □ 否 □
3/4 挡同步器总成拆卸及安装方法是否正确	是 □ 否 □
5 挡同步器总成拆卸及安装方法是否正确	是 □ 否 □
同步器锁环安装间隙测量方法是否正确	是 □ 否 □
拨叉轴及拨叉安装顺序是否正确	是 □ 否 □
选挡换挡轴安装方法是否正确	是 □ 否 □
两半轴驱动法兰是否错装	是 □ 否 □
半轴驱动法兰安装专用工具使用是否正确	是 □ 否 □

七、课堂小结

情境四

驱动桥与离合器检修

任务十一　主减速器与差速器拆装检查

主减速器与差速器拆装检查任务工单			
客户信息	姓名		职业	

车辆信息	车型	VIN 码	行驶里程

客户描述	
	倒挡行驶异响 □　踩下离合器异响 □　挂挡时产生异响 □　变速器油液泄漏 □ 离合器打滑 □　变速器挂挡困难 □　变速器掉挡 □　主减速器异响 □ 差速器异响 □　变速器乱挡 □　半轴故障 □　离合器踏板行程过长 □ 其　他：

车辆外观检查		车辆内部检查	
凹凸 □ 划痕 □ 石击 □ 油漆 □	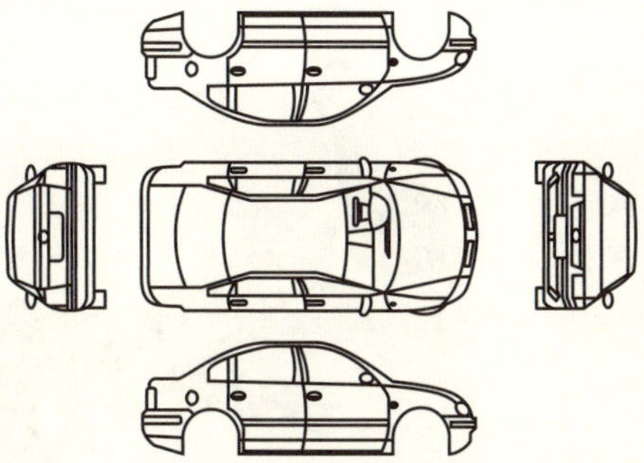	污渍 □ 破损 □ 色斑 □ 变形 □	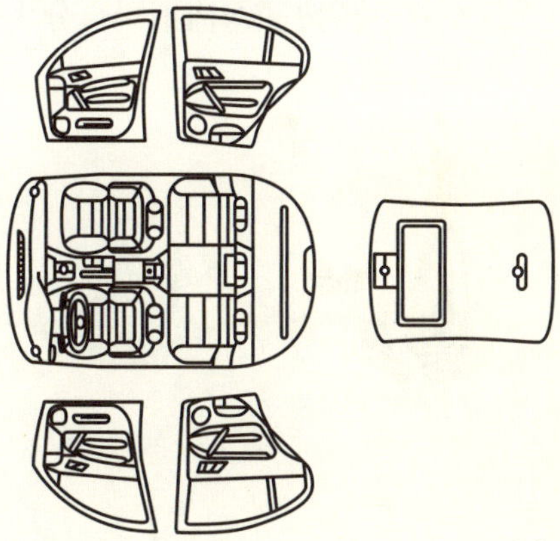

明确具体工作任务	

任务目标

- 能够对前驱变速器驱动桥进行检修
- 掌握检修不同类型驱动桥的方法
- 能够解答客户提出的关于驱动桥故障的疑问

任务内容

- 驱动桥的组成、作用及分类
- 主减速器的组成及作用
- 差速器的组成、作用及工作原理
- 驱动桥的检查方法

续表

任务重点	● 驱动桥的检查方法
任务难点	● 驱动桥各组成齿轮的检查

一、知识讲解

（一）驱动桥的组成及作用

驱动桥一般由主减速器、差速器、车轮传动装置和驱动桥壳等组成。驱动桥的作用是将万向传动装置传来的发动机动力进行降速、增大转矩后分配到驱动车轮。

1. 主减速器具有合适的减速比，可增大转矩，使汽车具有良好的动力性和经济性。在发动机纵置车辆中，主减速器还可通过主减速锥齿轮改变转矩传递的方向。

2. 差速器具有差速作用，以保证汽车在转向或在不平道路上行驶时轮胎不产生滑脱现象。

3. 驱动桥壳是用来安装主减速器和差速器及其他装置的。

4. 驱动桥应具有较大的离地间隙，以保证良好的通过性。

（二）驱动桥的分类

汽车驱动桥按照结构不同可分为整体式驱动桥和断开式驱动桥，如图 11–1 所示。

a）整体式驱动桥　　b）断开式驱动桥

图 11–1　整体式驱动桥和断开式驱动桥

整体式驱动桥又称为非断开式驱动桥。当车轮采用非独立悬架时，驱动桥采用非断开式。其特点是驱动桥壳为一钢件整体，驱动桥两端通过悬架与车架连接，左、右半轴始终在一条直线上，即左、右驱动桥不能相互独立地跳动。当某一侧车轮因地面升高或降低时，整个驱动桥及车身都要随之发生倾斜。

断开式驱动桥将两侧的驱动轮分别通过弹性悬架与车架相连，两车轮可彼此独立地相对于车架上下跳动。与此相对应，主减速器壳固定在车架上，半轴与传动轴通过万向节铰接，传动轴又通过万向节与驱动轮铰接。

汽车驱动桥按照安装位置不同可分为前驱动桥和后驱动桥，如图 11–2 所示。

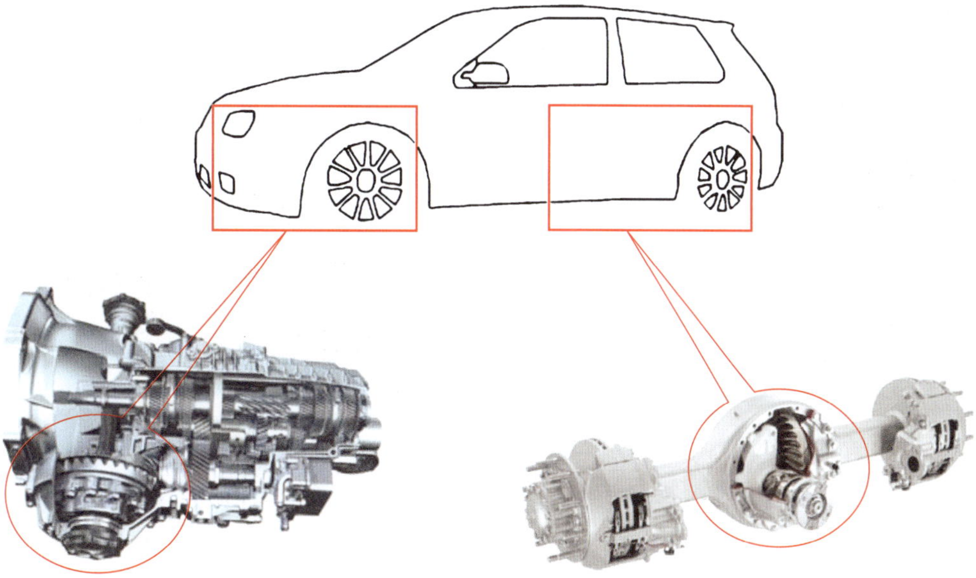

图 11-2　前驱动桥和后驱动桥

前驱动桥应用于发动机前置、前轮驱动轿车上，发动机动力通过前驱动桥传递给前驱动轮。

后驱动桥应用于发动机前置、后轮驱动和发动机后置、后轮驱动轿车上。发动机动力通过传动轴传递给后驱动桥，后驱动桥将动力传递给后驱动轮。

（三）驱动桥的结构组成

驱动桥的结构组成如图 11–3 所示。

a）

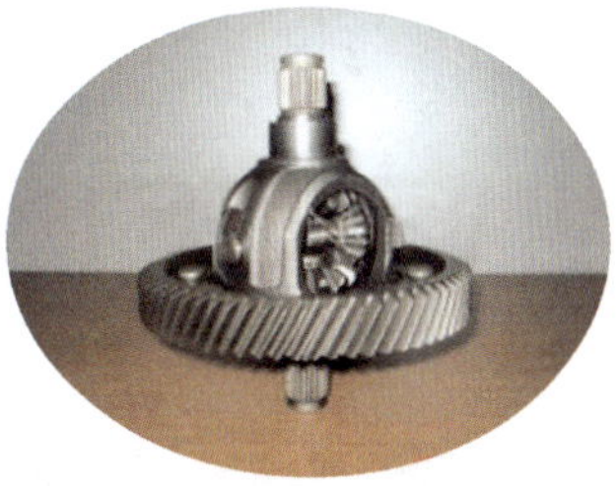

b）

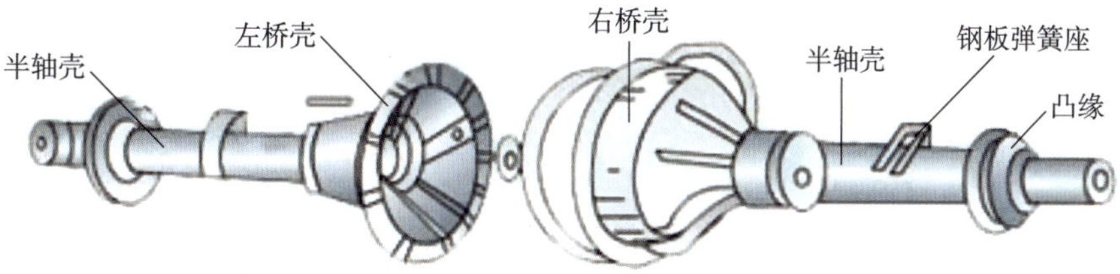

c）

图 11-3　驱动桥的结构组成

a）主减速器　b）差速器　c）驱动桥壳体

主减速器由主动齿轮与从动齿轮组成，如图 11–4 所示，主动齿轮连接动力装置，当其顺时针旋转时，从动齿轮贴在其右侧，啮合点向下转动，与驱动轮前进方向一致。由于主动齿轮直径小，从动齿轮直径大，进而能达到减速增扭的目的。

差速器主要由半轴齿轮、行星齿轮、行星齿轮轴和差速器壳体等组成，如图 11–5 所示。

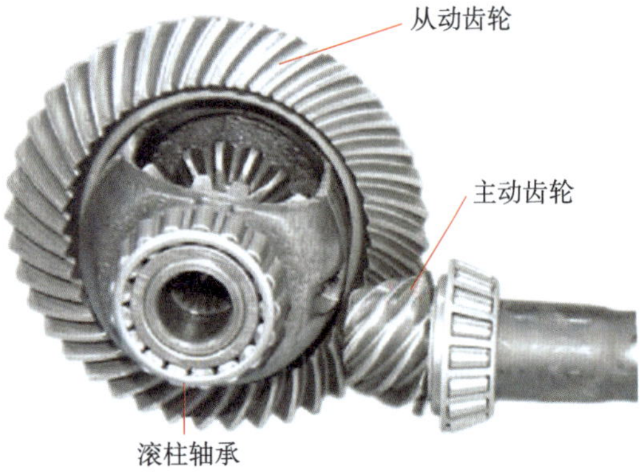

图 11–4　主减速器组成

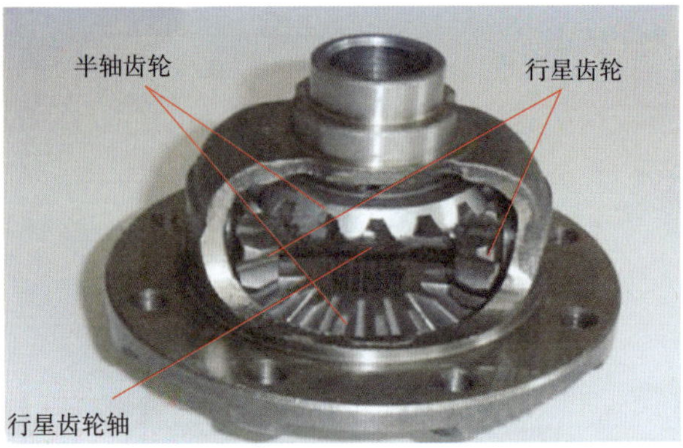

图 11–5　差速器组成

差速器在工作时会遇到两种情况，一种是汽车直线行驶，另一种是汽车转弯行驶。

当汽车正常直线行驶时，行星齿轮只同差速器壳体一起绕差速器轴线旋转，左、右半轴齿轮速度相等，此时无差速作用，如图 11–6 所示。

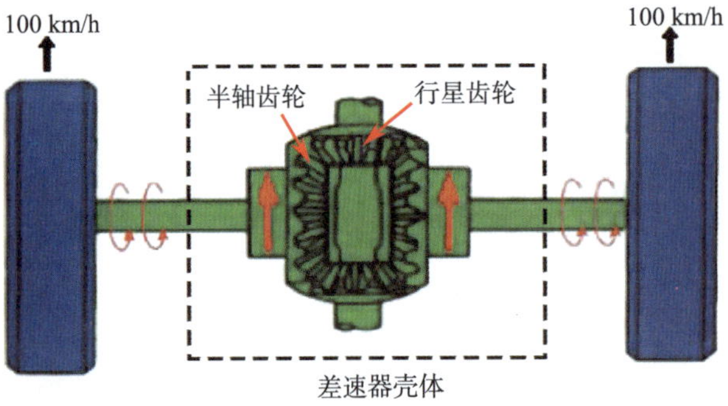

图 11–6　汽车直线行驶

在汽车转弯行驶时，两侧驱动轮所遇到的阻力不同，内侧驱动轮比外侧驱动轮所遇阻力大，其结果使得行星齿轮顺时针旋转，此时便起到差速作用，如图 11–7 所示。

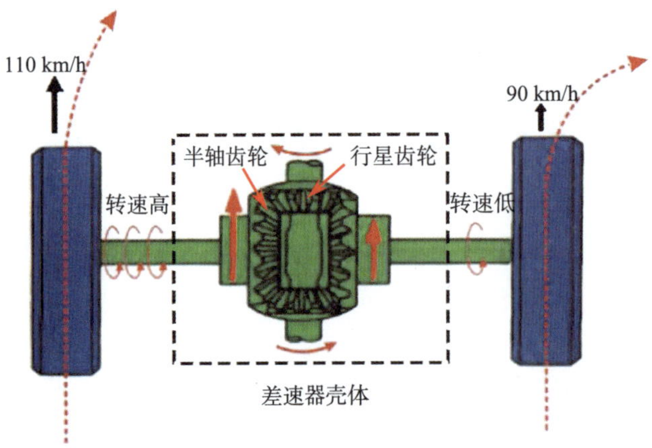

图 11–7　汽车转弯行驶

可以看出，汽车在正常行驶时，主减速器与差速器时刻都在做各自的旋转运动，一旦其中某个齿轮出现不正常磨损或其他元件出现损坏，就会引起驱动桥工作异常。因此，在对驱动桥进行检查时，主要的检查项目就是齿轮磨损、齿轮配合间隙、轴承磨损、半轴齿轮轴磨损与花键磨损等。

（四）驱动桥的检查方法（见表 11–1）

表 11–1 驱动桥的检查方法

序号	图示	说明
1	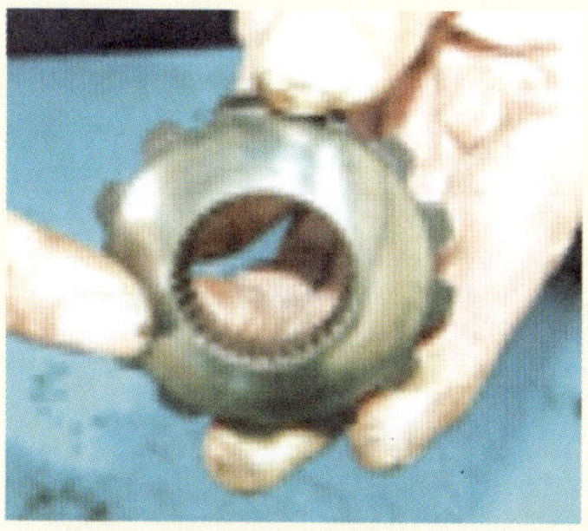	检查半轴齿轮应无裂纹、斑点、锈蚀，齿面应无明显斑痕
2		检查从动齿轮应无裂纹、斑点、锈蚀，齿面应无明显斑痕
3	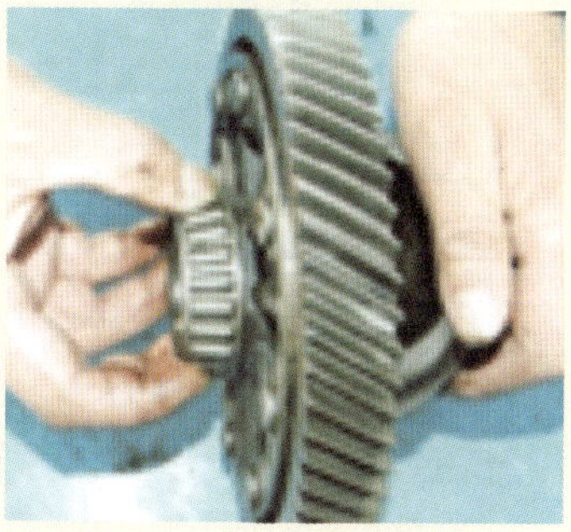	检查行星齿轮应无裂纹、斑点、锈蚀，齿面应无明显斑痕
4		检查圆锥滚子轴承的滚子应无斑点、严重黑斑或烧损变色等；目视检查保持架应无裂纹、过度磨损或滚子从保持架脱出等现象；目视检查轴承外座圈的接合面应无斑点、严重黑斑或烧损变色等现象

续表

序号	图示	说明
5		检查主动齿轮应无裂纹、斑点、锈蚀，齿面应无明显斑痕
6		检查半轴齿轮和行星齿轮与差速器壳体的锥面应无斑点、明显磨损等
7	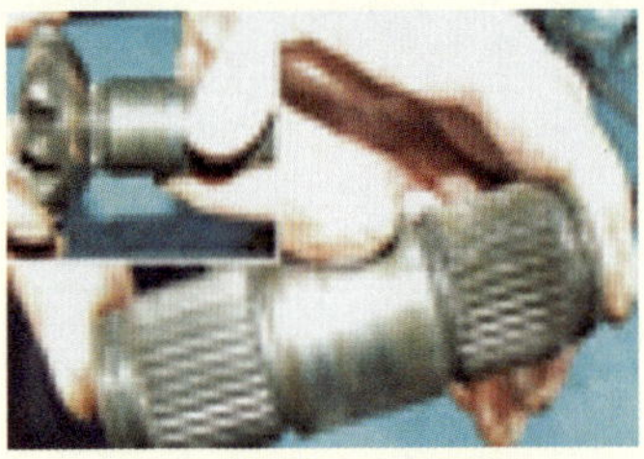	检查半轴齿轮轴花键和半轴齿轮内花键应无损坏、缺齿、过度磨损等，如有应更换；半轴齿轮轴与半轴齿轮花键配合，应无间隙
8		测量半轴齿轮与行星齿轮的间隙时先固定差速器壳体，安装左、右两个法兰，安装百分表，同时将百分表表头与行星齿轮齿面接触并预紧 2 mm，百分表调零，固定一侧半轴驱动法兰，同时转动另一侧半轴驱动法兰，观察百分表的读数，半轴齿轮与行星齿轮间隙的标准值应为 0.15 mm

二、任务准备

勾选出完成本任务所需的工具、设备、资料等。

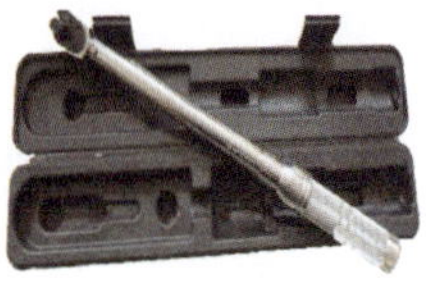	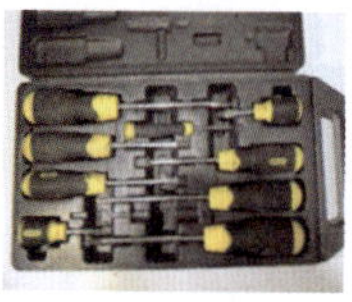		
扭力扳手	旋具套装	台虎钳	橡胶锤
		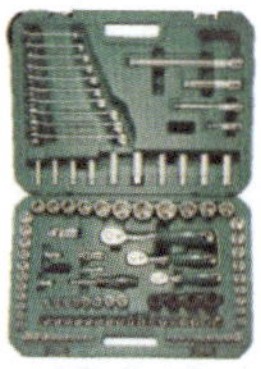	
尖嘴钳	工具车	常用工具套装	变速器壳体拆卸专用工具
			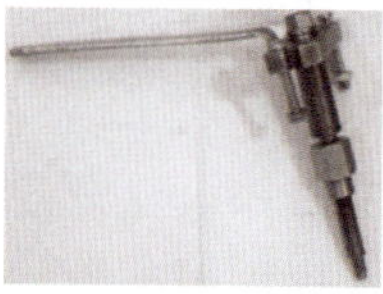
卡簧钳	抹布	带磁力表座的百分表	半轴驱动法兰拆卸专用工具
	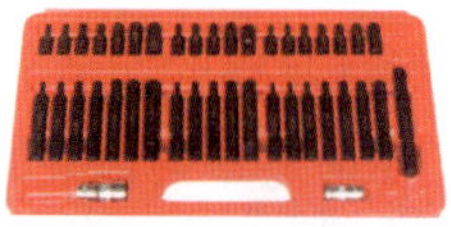	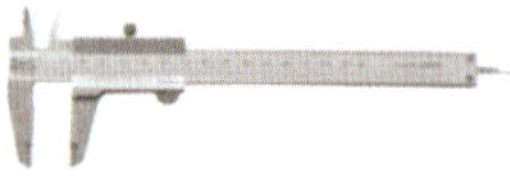	
工作台	40 件星批组件	游标卡尺	记号笔

5 挡拨叉拆卸专用工具	半轴驱动法兰安装专用工具	维修手册	变速器翻转架

主减速器	差速器

三、防护措施

（一）个人安全防护

1. 维修人员必须身穿工作服、戴工作帽、穿工作鞋，工作服纽扣、拉链及皮带扣应藏于衣服内侧，扎紧袖口、领口、裤脚，佩戴手套。女生长发要盘起放在工作帽内。

2. 维修人员在进入车间前应摘掉手表、戒指、项链、耳环等金属饰品。

3. 维修人员在进行车辆维修操作时，应防止车轮压伤脚部、车门夹伤手部、热的发动机烫伤手部、发动机传动带绞伤手部。

4. 在搬运重物及尖锐器物时应注意动作姿势，防止扭伤腰部、砸伤脚部或划伤手部。

（二）车辆 / 台架等设备的安全防护

1. 车辆进入车间内，应停放至指定地点，熄灭发动机，将变速器置于空挡位置，并拉紧驻车制动器。台架应将滑轮锁死或用木块固定。

2. 维修操作前应铺设三件套及翼子板布，发动机启动前应确保其他维修人员远离车辆，并连接尾气排放设备。

3. 操作电气设备时应注意用电安全，作业结束后应及时切断一切用电设备的电源。

4. 操作前应熟读维修手册中的操作标准和台架、仪器、设备使用标准，并做好日常维护工作。

（三）车间场地的安全防护

1. 车间应配有灭火器及相应消防设施，易燃油品应存放在密封的金属罐中。

2. 车间内的工具、零部件、设备、车辆等应有序摆放。

3. 车间内设备和车辆周围的人行道和工作区域必须保证足够的安全空间。

4. 操作过程中应做到油品、工具、配件三不落地，作业完毕后应及时清理车间工作场地，做到现场 5S 管理。

四、任务分配（见表 11-2）

表 11-2　任务分配表

职务	代码	姓名	工作内容
组长	A		监督、管理组员工作
组员	B		准备实训所需变速器及零部件
	C		
	D		准备实训所需工具及维修手册等
	E		
	F		

五、任务实施

（一）操作步骤

1. 拆卸差速器

拆卸差速器并完成表 11–3 的填写。

表 11–3　拆卸差速器

步骤	项目	顺序	工作内容
1	拆卸行星齿轮	1	使用卡簧钳拆卸行星齿轮轴一侧定位弹性挡圈
		2	
		3	
		4	旋转半轴齿轮，将行星齿轮转出并取下
2	拆卸半轴齿轮	1	使用卡簧钳顶住弹性挡圈两端，用力将弹性挡圈顶出
		2	
		3	

2. 检查差速器

检查差速器并完成表 11–4 的填写。

表 11–4　检查差速器

步骤	项目	顺序	工作内容
1	检查圆锥滚子轴承	1	检查圆锥滚子轴承的滚子应无斑点、严重黑斑或烧损变色
		2	目视检查保持架应无裂纹、过度磨损或滚子从保持架脱出等现象
		3	目视检查轴承外座圈的接合面应无斑点、严重黑斑或烧损变色等现象
2	检查齿轮	1	检查主动齿轮应无裂纹、斑点、锈蚀，齿面应无明显斑痕
		2	检查行星齿轮、半轴齿轮应无裂纹、斑点、锈蚀，齿面应无明显斑痕
		3	检查半轴齿轮和行星齿轮与差速器壳体的锥面应无斑点、明显磨损
		4	
		5	
3	检查轴与花键	1	
		2	
4	测量齿轮啮合间隙	1	
		2	
		3	

3. 安装差速器

安装差速器并完成表 11–5 的填写。

表 11–5　安装差速器

步骤	项目	顺序	工作内容
1	安装半轴齿轮	1	使用齿轮油润滑整体式止推垫圈，并安装到位
		2	
		3	
2	安装行星齿轮	1	
		2	
		3	使用卡簧钳安装弹性挡圈
3	整理		整理工具，打扫现场卫生

（二）实施记录

结合实施过程，对照表 11–6 所列检查项目进行检查，并记录实际的检查结果。

表 11–6　实施记录

序号	项目	检查结果	备注
1	检查圆锥滚子轴承的滚子	正常 □　斑点 □　伤痕 □　烧损变色 □	
2	检查保持架	正常 □　裂纹 □　磨损 □　滚子脱出 □	
3	检查轴承外座圈的接合面	正常 □　斑点 □　烧损变色 □	
4	检查主动齿轮	正常 □　裂纹 □　斑点 □　锈蚀 □	
5	检查行星齿轮、半轴齿轮	正常 □　裂纹 □　斑点 □　锈蚀 □	
6	检查半轴齿轮和行星齿轮与差速器壳体的锥面	正常 □　斑点 □　伤痕 □	
7	检查半轴齿轮轴花键和半轴齿轮内花键	正常 □　损坏 □　缺齿 □　磨损 □	
8	测量半轴齿轮与行星齿轮的间隙	测量间隙值为________ mm	标准间隙值为________ mm

六、检查

（一）自检

结合本组任务操作过程，对任务执行过程中的操作规范性进行检查，检查操作过程中是否存在以下问题，分析讨论应如何避免并总结规范的操作方法（见表 11–7）。

表 11-7 自检

检查项目	结果
卡簧钳使用是否正确	是 □ 否 □
行星齿轮弹性挡圈的拆卸方法是否正确	是 □ 否 □
安装整体式止推垫圈前是否进行了润滑	是 □ 否 □
弹性挡圈安装位置及方法是否正确	是 □ 否 □

（二）互检

组与组之间相互进行任务操作过程及结果检查，并把检查结果填写在表 11-8 中。

表 11-8 互检

检查项目	结果
卡簧钳使用是否正确	是 □ 否 □
行星齿轮弹性挡圈的拆卸方法是否正确	是 □ 否 □
安装整体式止推垫圈前是否进行了润滑	是 □ 否 □
弹性挡圈安装位置及方法是否正确	是 □ 否 □

七、课堂小结

任务十二　离合器拆装检查

离合器拆装检查任务工单				
客户信息	姓名		职业	
车辆信息	车型	VIN 码	行驶里程	
客户描述	倒挡行驶异响 □ 离合器打滑 □ 差速器异响 □	踩下离合器异响 □ 变速器挂挡困难 □ 变速器乱挡 □	挂挡时产生异响 □ 变速器掉挡 □ 半轴故障 □	变速器油液泄漏 □ 主减速器异响 □ 离合器踏板行程过长 □
	其　他：			

车辆外观检查		车辆内部检查	
凹凸 □	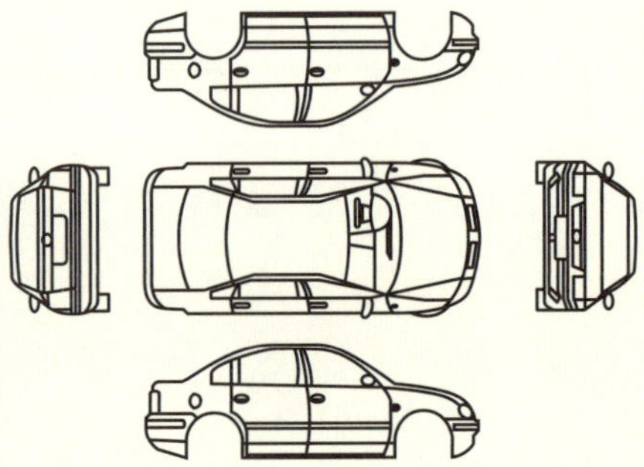	污渍 □	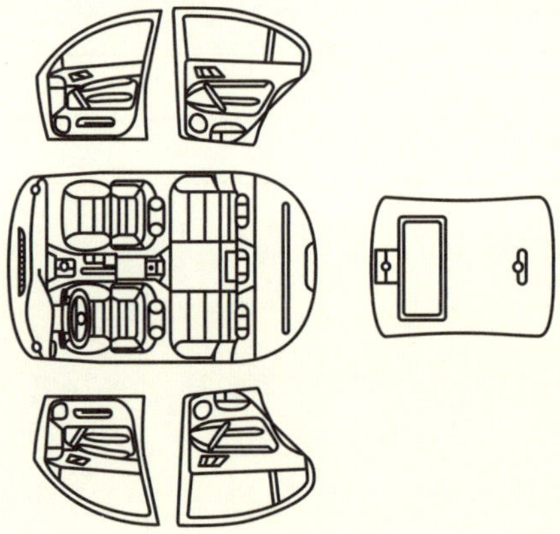
划痕 □		破损 □	
石击 □		色斑 □	
油漆 □		变形 □	
明确具体工作任务			

任务目标	● 能够对离合器进行拆装与检修 ● 能够判断离合器的常见故障 ● 能够解答客户提出的关于离合器故障原因的疑问
任务内容	● 离合器的位置、作用、分类及结构组成 ● 离合器的工作原理 ● 离合器的检查内容和方法

续表

任务重点	● 离合器的结构组成、工作原理和检查方法
任务难点	● 离合器的检查方法

一、知识讲解

（一）离合器的位置、作用、分类和结构组成

离合器位于发动机和变速器之间的飞轮壳内，如图 12–1 所示。用螺钉将离合器总成固定在飞轮的后平面上，离合器的输出轴就是变速器的输入轴。

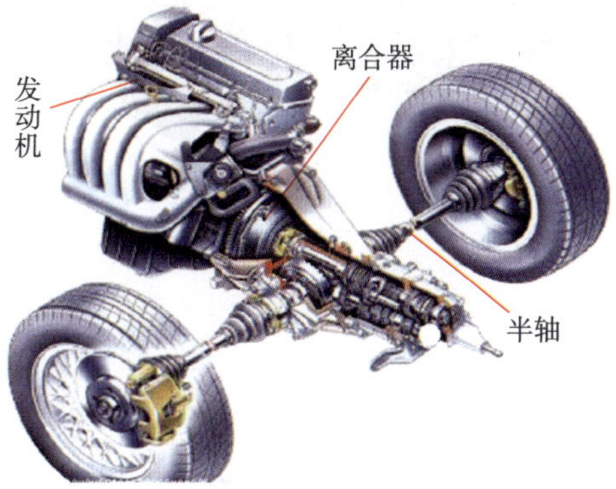

图 12–1 离合器的安装位置

在汽车行驶过程中，驾驶员可根据需要踩下或松开离合器踏板，使发动机与变速器暂时分离或逐渐接合，以切断或传递发动机向变速器输入的动力。

离合器有三个主要作用：

1. 保证汽车平稳起步。

2. 实现平顺换挡。

3. 防止传动系过载。

离合器可分为电磁离合器、磁粉离合器、液力耦合器、干式摩擦离合器和湿式摩擦离合器五种，如图 12–2 所示。

a）电磁离合器　　b）磁粉离合器　　c）液力耦合器

d）干式摩擦离合器

e）湿式摩擦离合器

图 12-2　离合器

本任务中的故障车采用的是干式摩擦离合器，其组成如图 12-3 所示。

图 12-3　干式摩擦离合器的组成

（二）离合器的工作原理

正常情况下，离合器压盘在膜片弹簧作用力下与飞轮紧紧贴合，将从动盘夹紧。此时，离合器从动盘与飞轮和压盘一起旋转。

当踩下离合器踏板时，离合器踏板拽动变速器后端的离合器分离杠杆，分离杠杆转动将作用力通过离合器分离轴承和变速器输入轴中间的推杆传到离合器分离盘上，顶动分离盘克服膜片弹簧作用力向发动机方向移动，如图 12-4 所示。同时，膜片弹簧带动压盘向发动机方向移动，压盘与飞轮分开，从动盘自由运动，发动机与变速器的动力传递终止。

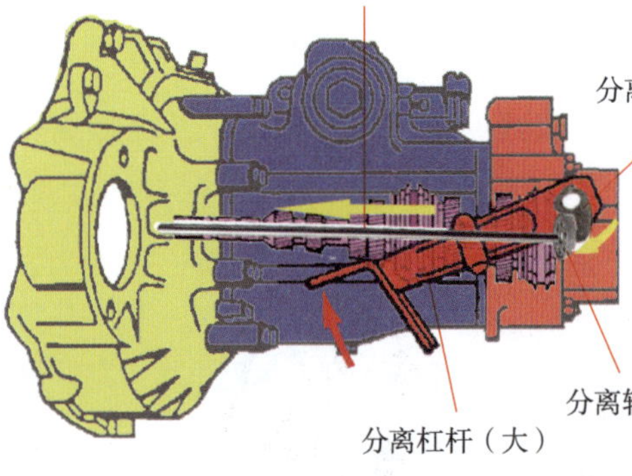

图 12-4　离合器的工作原理

由于离合器工作时主要靠压盘及飞轮的工作面与离合器的从动盘之间的摩擦力传递动力，离合器各元件损坏后，会导致传递动力丢失、工作异常，影响乘坐舒适性，严重时会导致车辆无法行驶。因此，要对离合器飞轮、压盘、膜片弹簧、铆钉、从动盘摩擦表面、扭转减振器弹簧及其他相关部件进行检查。

（三）离合器的检查内容和方法

1. 离合器压盘的检查方法（见表 12-1）

表 12-1 离合器压盘的检查方法

序号	图示	说明
1		检查离合器膜片弹簧分离指是否在同一高度，是否有断裂或过度磨损等现象
2		检查压盘工作表面是否有明显磨损沟槽，表面是否烧蚀、翘曲、破裂
3		观察压盘铆接点，检查是否有开铆或损坏
4		用刀口尺或直尺配合塞尺检查离合器压盘的平面度

2. 从动盘和飞轮的检查方法（见表 12-2）

表 12-2　从动盘和飞轮的检查方法

序号	图示	说明
1		检查铆钉是否有外露或松动，铆钉铆坑深度极限值为 0.3 mm
2		检查从动盘毂花键是否磨损
3		检查扭转减振器弹簧是否存在断裂或明显变形等现象
4		检查离合器飞轮是否有翘曲变形、裂纹、飞轮齿圈轮齿磨损、工作面出现磨损沟槽等现象
5		检查从动盘与飞轮或压盘的贴合度

3. 其他元件的检查方法（见表 12-3）

表 12-3　其他元件的检查方法

序号	图示	说明
1	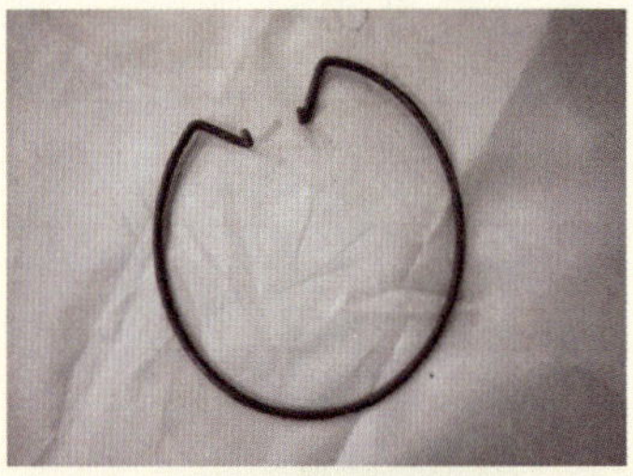	检查弹性挡圈是否存在变形、断裂等现象
2		检查分离盘是否存在变形、磨损等现象
3	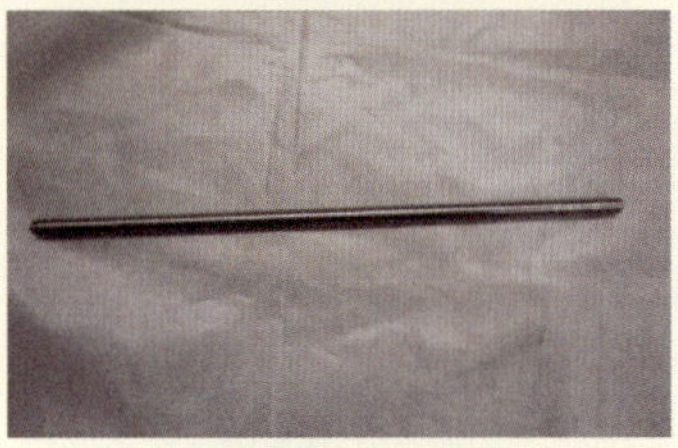	检查离合器推杆是否变形弯曲或磨损
4		检查分离轴承是否磨损

二、任务准备

勾选出完成本任务所需的工具、设备、资料等。

工具车	刀口尺	工作台	游标卡尺

<table>
<tr><td></td><td></td><td></td><td></td></tr>
<tr><td>塞尺</td><td>半轴驱动法兰安装专用工具</td><td>记号笔</td><td>台虎钳</td></tr>
<tr><td></td><td></td><td></td><td></td></tr>
<tr><td></td><td></td><td></td><td></td></tr>
<tr><td>铜棒</td><td>维修手册</td><td>飞轮</td><td>压盘</td></tr>
<tr><td></td><td></td><td></td><td></td></tr>
<tr><td></td><td>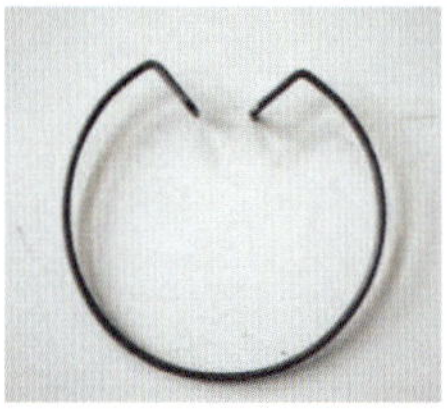</td><td>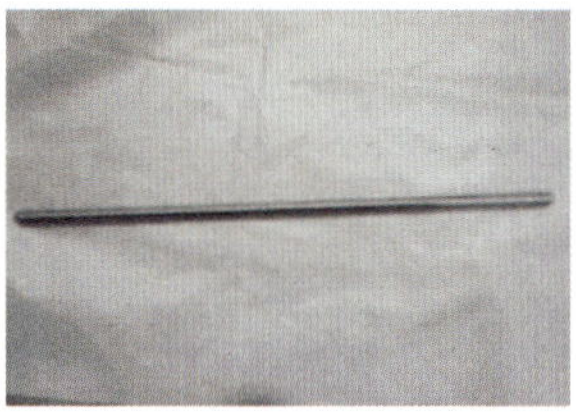</td><td></td></tr>
<tr><td>从动盘</td><td>弹性挡圈</td><td>推杆</td><td>分离盘</td></tr>
<tr><td></td><td></td><td></td><td></td></tr>
<tr><td colspan="2"></td><td colspan="2"></td></tr>
<tr><td colspan="2">分离轴承</td><td colspan="2">分离杠杆</td></tr>
<tr><td colspan="2"></td><td colspan="2"></td></tr>
</table>

三、防护措施

（一）个人安全防护

1. 维修人员必须身穿工作服、戴工作帽、穿工作鞋，工作服纽扣、拉链及皮带扣应藏于衣服内侧，扎紧袖口、领口、裤脚，佩戴手套。女生长发要盘起放在工作帽内。

2. 维修人员在进入车间前应摘掉手表、戒指、项链、耳环等金属饰品。

3. 维修人员在进行车辆维修操作时，应防止车轮压伤脚部、车门夹伤手部、热的发动机烫伤手部、发动机传动带绞伤手部。

4. 在搬运重物及尖锐器物时应注意动作姿势，防止扭伤腰部、砸伤脚部或划伤手部。

（二）车辆 / 台架等设备的安全防护

1. 车辆进入车间内，应停放至指定地点，熄灭发动机，将变速器置于空挡位置，并拉紧驻车制动器。台架应将滑轮锁死或用木块固定。

2. 维修操作前应铺设三件套及翼子板布，发动机启动前应确保其他维修人员远离车辆，并连接尾气排放设备。

3. 操作电气设备时应注意用电安全，作业结束后应及时切断一切用电设备的电源。

4. 操作前应熟读维修手册中的操作标准和台架、仪器、设备使用标准，并做好日常维护工作。

（三）车间场地的安全防护

1. 车间应配有灭火器及相应消防设施，易燃油品应存放在密封的金属罐中。

2. 车间内的工具、零部件、设备、车辆等应有序摆放。

3. 车间内设备和车辆周围的人行道和工作区域必须保证足够的安全空间。

4. 操作过程中应做到油品、工具、配件三不落地，作业完毕后应及时清理车间工作场地，做到现场 5S 管理。

四、任务分配（见表 12-4）

表 12-4 任务分配表

职务	代码	姓名	工作内容
组长	A		监督、管理组员工作
组员	B		准备实训所需离合器总成及零部件
	C		
	D		准备实训所需工具及维修手册等
	E		
	F		

五、任务实施

（一）操作步骤

补齐表 12-5 中缺失的工作内容，并按步骤完成操作。

表 12-5　操作步骤

步骤	项目	顺序	工作内容
1	检查离合器压盘	1	检查离合器膜片弹簧分离指是否在同一高度，是否有断裂或过度磨损等现象
		2	检查压盘工作表面是否有明显磨损沟槽、烧蚀、翘曲、破裂等现象
		3	
		4	
		5	
2	检查离合器从动盘	1	检查离合器摩擦片是否出现磨损、烧蚀、表面龟裂硬化、油污等现象
		2	检查铆钉是否有外露或松动，使用游标卡尺检查铆钉铆坑深度并做记录
		3	
		4	
		5	
3	检查离合器飞轮	1	检查离合器飞轮是否有翘曲变形、裂纹、飞轮齿圈轮齿磨损等现象
		2	
		3	
4	检查分离装置	1	
		2	
		3	
		4	检查分离轴承的使用情况
5	整理	1	整理工具
		2	打扫现场卫生

（二）实施记录

结合实施过程，对照表 12–6 所列检查项目进行检查，并记录实际的检查结果。

表 12-6　实施记录

序号	项目	检查结果	备注
1	检查离合器膜片弹簧分离指	正常 □　不在同一高度 □　断裂 □　过度磨损 □	
2	检查压盘工作表面	正常 □　磨损 □　烧蚀 □　翘曲 □　破裂 □	
3	检查压盘铆接点	正常 □　开铆 □　损坏 □	

续表

序号	项目	检查结果	备注
4	使用刀口尺和塞尺检查离合器压盘的平面度	测量值为________ mm	标准值≤0.2 mm
5	检查离合器摩擦片	正常 □ 磨损 □ 烧蚀 □ 表面龟裂硬化 □ 油污 □	
6	使用游标卡尺检查铆钉铆坑深度	测量值为________ mm	标准值≤0.3 mm
7	检查从动盘钢片	正常 □ 翘曲 □ 破裂 □	
8	检查扭转减振器弹簧	正常 □ 变形 □ 断裂 □	
9	检查从动盘花键孔	正常 □ 磨损 □ 缺齿 □	
10	检查飞轮	正常 □ 翘曲变形 □ 裂纹 □ 齿圈轮齿磨损 □	
11	检查分离盘	正常 □ 磨损 □ 变形 □	
12	检查推杆	正常 □ 磨损 □ 变形 □	
13	检查分离轴承	正常 □ 磨损 □	

六、检查

（一）自检

结合本组任务操作过程，对任务执行过程中的操作规范性进行检查，检查操作过程中是否存在以下问题，分析讨论应如何避免并总结规范的操作方法（见表 12–7）。

表 12–7 自检

检查项目	结果
离合器压盘平面度测量方法是否正确	是 □ 否 □
铆钉铆坑深度测量方法是否正确	是 □ 否 □

（二）互检

组与组之间相互进行任务操作过程及结果检查，并把检查结果填写在表 12–8 中。

表 12–8 互检

检查项目	结果
离合器压盘平面度测量方法是否正确	是 □ 否 □
铆钉铆坑深度测量方法是否正确	是 □ 否 □

七、课堂小结